# Les Secrets
# *de Grand-Mère*

# Les Secrets *de Grand-Mère*

*Textes et stylisme*
Laura Fronty

*Photographies*
Yves Duronsoy

Le Grand Livre du Mois

*À nos grands-mères*
*Lila et Albertine*

# Sommaire

# Préface

*« Le paradis perdu ne devient accessible qu'à ceux qui s'en souviennent. »*

*André Hardellet,* Le Seuil du jardin, *Pauvert, 1986.*

Souvenirs d'enfance, souvenirs de maisons, de lieux, qui désormais ne forment plus qu'un dans ma mémoire. Dans la maison de mon enfance, le plancher était lavé au savon comme le pont d'un bateau et l'on avait le droit d'y marcher pieds nus.

Il y avait une entrée sombre, un bureau cramoisi, mais dans le reste des pièces régnait le blanc absolu. De grands rideaux de lin écru tamisaient la lumière et des bijoux étaient accrochés aux murs ou à des branches...

C'était une maison où l'on écrivait : des pots contenaient toutes sortes de stylos, de crayons et de gommes, mais il n'y avait qu'une seule encre sur les bureaux : verte, comme le vert de l'espérance. On lisait beaucoup aussi, et les livres étaient rois : ils grimpaient jusqu'au plafond, s'empilaient au pied des lits, envahissaient l'espace.

Dans l'air flottait un parfum de géranium, de tubéreuse et de santal. On achetait les essences à Grasse, dans des flacons d'aluminium bouchés de cire rouge. Ces essences mélangées composaient un parfum très personnel, que l'on faisait parfois brûler sur des ampoules allumées.

La cuisine était un lieu qui sentait les herbes, les piments et les épices, les fruits et les confitures à la mûre sauvage. On y collectionnait la vaisselle en terre, venue de Provence, du Maroc ou d'Espagne, les verres anciens souvent dépareillés. Les plats qu'on y préparait semblaient toujours venus d'ailleurs, même s'il s'agissait de recettes normandes, bourguignonnes ou lorraines.

Le jardin était le domaine des parents et des enfants. On enterrait des gousses d'ail au pied des rosiers afin que les roses soient plus roses. Si les citrouilles ne se transformaient pas en carrosses, elles me semblaient géantes et mon grand-père possédait une formule magique pour les faire pousser plus vite ! Les volubilis enlaçaient la tonnelle et les volets, et des boutons d'or poussaient sur la pelouse.

L'été se passait en Provence, au bord de la mer. On ramassait sur la plage des cailloux de verre, qui se transformaient l'hiver venu en un rideau-vitrail brodé d'éclats colorés, inspiré des anciens saris indiens.

La maison de mon enfance était celle d'une femme qui avait du génie pour réinventer la vie quotidienne et trouvait le bonheur dans les gestes les plus simples.

Elle savait transformer en plaisir la douche froide prise dans le vieux lavoir, où l'on se rinçait avec une cruche ornée de fleurs naïves. Elle accrochait des lanternes dans les arbres, comme autant de lucioles dans la nuit, pour que le noir devienne magique et fasse peur aux loups qui s'y cachaient peut-être...

Elle repeignait tous les ans la maison d'un enduit à la chaux qui laissait sur tous les visiteurs des traces blanches, mais elle était fascinée par les couleurs vives de l'Inde et du Mexique, dont elle m'habillait. Pour accompagner mes rêves, elle faisait du plafond de ma chambre un ciel d'azur illuminé d'étoiles dorées, comme dans les chapelles. J'étais une princesse dans mon lit drapé d'une moustiquaire, et mes nuits embaumaient la citronnelle qu'elle versait dans des coupelles disséminées dans toute la maison, pour chasser les insectes.

Elle savait coudre, broder, repriser un boutis chiné dans un marché aux puces du vieux Nice, mais aussi retaper une armoire après l'avoir décapée.

Raffinée et souvent sophistiquée, elle aimait aussi la simplicité et le naturel. C'est en souvenir d'elle, de ce que j'ai appris en vivant à ses côtés, que j'ai écrit ce livre.

# Du côté *des gourmands*

Source de plaisirs, la cuisine procure, tout autant à ceux qui la font qu'à ceux qui la goûtent, des émotions et des sensations dont l'origine remonte souvent à l'enfance. On peut bien sûr évoquer les petites madeleines de Proust, portant à elles seules « l'édifice immense du souvenir », mais, plus simplement, chacun d'entre nous cache dans un coin de sa mémoire des saveurs et des odeurs qui resurgissent au hasard de la vie. Fruits chauffant dans un chaudron de cuivre dont le parfum remplit toute la maison de leur odeur à nulle autre pareille, chocolat râpé sur une tartine de pain beurré ou fouetté à l'ancienne dans la tasse, effluves de pain grillé et de café chaud du matin : tous racontent une histoire dont chacun détient les secrets.

# *Retour du marché*

*À Paris, au marché Saint-Germain, il y avait une petite dame vêtue d'un sarrau noir en satin fermière qui vendait tous les produits de son minuscule jardin situé à quelques kilomètres de la capitale. Sur son étal, on trouvait aussi bien des laitues rousses que des fines herbes, des fraises des bois et des framboises, rangées dans des barquettes tapissées de feuilles de châtaignier pour les conserver au frais. Elle vendait aussi les fleurs qui poussaient dans son potager : des petites roses moussues, des dahlias énormes et flamboyants...*

*Quand nous partions chaque été en vacances dans le Midi, c'était l'émerveillement des marchés du Sud, à Vallauris ou à Antibes, avec l'explosion des couleurs, des parfums, l'accent des vendeuses. Seuls les marchés de Provence proposaient alors des fleurs de courgette toutes fraîches écloses, dont les Niçois faisaient de délicieux beignets. C'est aussi en Provence que l'on mangeait parfois une salade relevée de fleurs de capucine orange, rouges ou jaunes, à l'étonnante saveur poivrée, ou bien assaisonnée de fleurs de bourrache d'un bleu céleste, au goût de concombre ou de grains de blé frais...*

## Le melon

Il doit être lourd et ferme. Soupesez-le et tirez légèrement sur le pédoncule, qui doit se détacher en laissant apparaître une petite couronne verte. Son odeur ne doit pas être écœurante, ce qui signifierait qu'il est passé.

## Les agrumes

Pour les confitures, les liqueurs et autres sirops, n'utilisez que des fruits non traités.

Pour conserver les citrons, mettez-les dans un saladier et recouvrez-les d'eau fraîche, que vous changerez régulièrement. Cette méthode, utilisée au Maroc, permet d'avoir des citrons toujours bien juteux.

Ils donneront encore plus de jus si vous les roulez vigoureusement sous la main avant de les presser.

*Page de gauche*
*La saveur piquante des fleurs de capucine relève la douceur des feuilles de laitue, tout en apportant une note colorée.*

*Page de droite*
*Bocal de citrons confits.*
*Une fois salés, ils sont recouverts d'huile d'olive et parfumés d'aromates et d'épices : poivre, piment, ail ou laurier sont les bienvenus.*

## Le raisin, les prunes et les mirabelles

Ces fruits semblent fréquemment recouverts d'une sorte de givre translucide : la pruine. La présence de cette pellicule fragile vous garantit l'état de fraîcheur des fruits.

## Les fraises

- Pour les laver, passez-les rapidement sous le robinet avant d'ôter le pédoncule, pour éviter qu'elles ne se gorgent d'eau.
- Si vous les trouvez trop fades, ajoutez-leur un jus de citron non traité et son zeste râpé, un peu de poivre moulu, ou bien quelques feuilles de menthe fraîche hachées.

## Le chou-fleur

Pommé, d'un beau blanc nacré et sans tache, le chou-fleur frais doit être inodore et, comme le melon, peser lourd dans la main.

- Il restera blanc si vous ajoutez du jus de citron à l'eau de cuisson.
- Quant à l'odeur, il faut bien avouer que le morceau de pain rassis ou la biscotte que nos grands-mères plongeaient dans l'eau de cuisson ne changent pas grand-chose. Il faut simplement choisir un légume très frais et garder la fenêtre ouverte !

---

## *Les citrons confits de Lila*

1 kg de petits citrons non traités
(ou suffisamment de fruits
pour remplir le bocal choisi)
20 g environ de gros sel
2 piments oiseaux
2 feuilles de laurier
Poivre

1. Taillez les citrons en croix, sans les couper complètement.
2. Remplissez les ouvertures de gros sel.
3. Tassez les citrons dans un bocal en verre, ébouillanté au préalable.
4. Ajoutez les épices et les aromates. Recouvrez les citrons d'eau bouillante et de gros sel.
5. Laissez macérer au moins 3 semaines, avant d'utiliser ces citrons confits pour un tajine à la marocaine ou pour parfumer un ragoût de porc, de poulet ou de lapin, ou bien les poissons.

---

## L'artichaut

Ses feuilles doivent être fermes et bien vertes. Un bon moyen de constater sa fraîcheur est de replier une feuille : elle se casse avec une brisure nette et un bruit très reconnaissable.

Les petits artichauts violets, qu'on appelle aussi « poivrades », se mangent crus, à la croque au sel, à la « barigoule » ou « farigoulette » (c'est le mot qui désigne le thym en Provence).

Les artichauts ronds se mangent cuits. Au moment de la cuisson, brisez les tiges d'un coup sec pour ôter le maximum de fibres. En France, on jette ces tiges, mais en Espagne, par exemple, on les épluche, on les met à cuire en même temps que les artichauts, et on les mange ensuite en vinaigrette.

On oublie que les artichauts sont des fleurs, mais il suffit de ne pas les cueillir pour les voir s'épanouir en superbes inflorescences d'un mauve intense.

Pour les conserver plus longtemps, il faut les traiter comme un bouquet, en immergeant les queues dans un vase ou un grand verre rempli d'eau fraîche, changée tous les jours.

En revanche, une fois cuit, l'artichaut doit être mangé très rapidement ; il ne doit pas être conservé plusieurs jours, même au réfrigérateur, car il s'oxyde et devient toxique.

## Les haricots

En achetant des haricots verts, n'hésitez pas à en casser quelques-uns. Ils doivent se briser net et ne pas produire de fils.

Il vaut mieux les effiler avec les doigts. Avec un couteau, vous risquez de laisser des fils.

Pour qu'ils restent bien verts, il suffit d'ajouter une demi-cuillerée de bicarbonate de soude à l'eau de cuisson et il ne faut surtout pas les couvrir pendant la cuisson (ce conseil est valable pour les petits pois).

On peut conserver les haricots verts en faisant alterner, dans un pot de grès, une couche de haricots et une couche de gros sel. Mais il est indispensable de les rincer longuement à l'eau claire avant de les utiliser, pour éliminer le sel en surplus.

Pour que les haricots restent croquants (pour une salade), passez-les vivement à l'eau froide après la cuisson.

Les cocos roses doivent être vraiment roses et ne pas présenter de taches rousses. De même, les haricots beurre doivent être d'un beau jaune vif.

*PAGE DE GAUCHE*
*Traités comme un bouquet de fleurs, la tige plongée dans l'eau, les artichauts conservent plus longtemps leur fraîcheur.*

*CI-DESSUS*
*Les cocos roses sont indispensables pour la réalisation d'une soupe au pistou.*

## Les carottes

Autrefois, pour conserver les carottes tout au long de l'hiver, on les plaçait au fond d'une caisse ou d'une jarre en grès, puis on les recouvrait sous d'épaisses couches de sable, pour les maintenir au frais.

Attention, une fois cuites, les carottes doivent être consommées dans la journée car elles s'oxydent très vite et deviennent impropres à la consommation (en particulier pour les jeunes enfants).

## *La sauce au basilic à ma façon*

1 BOTTE DE BASILIC BIEN FRAIS

2 GOUSSES D'AIL PRESSÉES

100 G DE PARMESAN RÂPÉ

1/2 VERRE D'HUILE D'OLIVE FRUITÉE

POIVRE

SEL

1. Ôtez les tiges du basilic, ne conservez que les feuilles tendres.
2. Placez-les dans le bol d'un mixer. Ajoutez l'ail pressé, l'huile et le parmesan râpé.
3. Faites tourner le mixer jusqu'à l'obtention d'une sauce crémeuse, d'un beau vert pâle. Poivrez et salez.

Cette sauce peut parfumer un plat de pâtes fraîches, de nouilles, ou bien encore une soupe au pistou.

Vous pouvez la conserver longtemps : il suffit de la verser dans un pot à confiture ou un bocal en verre et de la recouvrir d'huile d'olive.

Après en avoir prélevé la quantité voulue, vous rajouterez de l'huile.

Le jus de citron ajouté à des carottes crues empêche leur oxydation et évite qu'elles prennent une vilaine couleur brune.

## Les fines herbes

Pour les conserver plus longtemps une fois coupées, roulez-les dans un torchon humide et placez le tout au réfrigérateur.

Les herbes fragiles, comme la coriandre fraîche ou le basilic, peuvent être enfermées dans un bocal en verre.

Pour hacher plus facilement les fines herbes, mettez-les dans un verre et coupez-les avec des ciseaux, jusqu'à ce qu'elles soient suffisamment ciselées.

Des glaçons aux fines herbes peuvent être utilisés pour parfumer un ragoût ou un potage : mettez des fines herbes hachées au fond des compartiments à glaçons et versez un peu d'eau dessus.

Le persil existe sous une forme frisée et sous une forme simple, à feuilles plates. Cette variété doit être préférée au persil frisé car elle est beaucoup plus parfumée. En revanche, le persil frisé peut être accommodé d'une manière originale : il suffit de le plonger dans un bain de friture chaude pendant quelques secondes. Ainsi préparé, il garnira du poisson ou une viande rôtie.

## Le sel parfumé

Autrefois, pour profiter de la saveur des aromates au cœur de l'hiver, les maîtresses de maison les conservaient dans du sel.

Faites alterner une couche d'aromates (persil, ciboulette, estragon ou tout autre aromate de votre choix, en quantité suffisante pour remplir le récipient) et une couche de gros sel, dans un bocal en grès soigneusement fermé. Vous pourrez alors prélever la quantité voulue pour parfumer une soupe ou un ragoût.

## L'ail

Pour conserver le parfum de l'ail sans en avoir les inconvénients digestifs, il vous suffit de frotter le plat de cuisson avec une gousse d'ail crue : c'est le procédé souvent utilisé pour parfumer le gratin dauphinois.

Pour larder un gigot ou un rosbif de gousses d'ail, il faut émincer celles-ci en forme de fines pointes et les enfoncer sous la peau à l'horizontale et non à la verticale, comme on le fait souvent. Ainsi, l'ail cuit mieux et plus vite.

Contrairement à celui de l'oignon, le germe de l'ail doit être supprimé car il le rend indigeste. Pour obtenir une crème d'ail qui accompagnera les viandes rôties, faites dorer une bonne douzaine de gousses d'ail « en chemise » (dans leur peau). Quand elles sont devenues tendres, il suffit d'en gratter l'intérieur.

## L'oignon

Il se conserve mieux dans un endroit aéré mais à l'abri du soleil et de l'humidité.

S'il germe, ne jetez pas les tiges vertes. Servez-vous-en comme aromate pour les salades ou les plats cuisinés. Vous pouvez aussi faire germer les oignons, en hiver, lorsque la ciboulette se fait rare et chère. Posez un oignon sur une carafe à col évasé remplie d'eau. En moins de dix jours, vous aurez de nombreuses tiges vertes, toutes fraîches et délicieuses pour la salade.

*Ci-dessus*
*L'ail tressé en guirlande ou proposé en vrac, que l'on retrouve sur tous les marchés du Sud.*

*Page de droite*
*Un simple oignon, mis à germer dans un vase à jacinthe, produit en quelques jours des pousses vertes, qui ont la saveur de la ciboule, à utiliser dans les salades.*

## *Le tourin à l'ail d'Eugénie*

Recueillie dans le cahier de recettes d'une arrière-grand-mère normande, cette recette est béarnaise à l'origine et se prépare aussi bien avec de l'ail que de l'oignon. C'est la liaison à l'œuf qui la caractérise.

1 l d'eau
5 gousses d'ail épluchées
et finement hachées
1 cuillerée à soupe d'huile d'olive
1 cuillerée à soupe de farine
1 cuillerée à soupe de crème fraîche
1 œuf
Autant de tartines de pain grillé
que de convives
Sel
Poivre

1. Dans une casserole, faites doucement chauffer l'huile et laissez-y dorer les gousses d'ail hachées.
2. Dès qu'elles ont blondi, ajoutez la farine et laissez-la roussir un peu.
3. Versez alors 1 litre d'eau bouillante et ajoutez le blanc d'œuf légèrement battu. Salez et poivrez.
4. Laissez cuire environ 10 minutes.
5. Au fond de votre soupière, battez le jaune d'œuf et délayez-le avec la crème fraîche.
6. Versez le tourin bouillant sur cette préparation.
7. Mettez une tranche de pain grillé dans chaque assiette et servez cette soupe aussitôt.

### *Astuce*

*Pour ôter l'odeur de l'ail ou de l'oignon crus sur les doigts, il existe un truc tout simple : il suffit de se passer les doigts sur une lame de couteau en acier inoxydable, sous l'eau d'un robinet. Effet garanti !*

### Les poissons

Ils doivent être raides, couverts d'écailles brillantes et posséder un œil vif jusque sur l'étal du poissonnier. Un détail qui ne trompe pas : les ouïes doivent être rouge vif.

En Turquie, sur les marchés, pour que l'acheteur juge de la fraîcheur de leurs poissons, les pêcheurs retournent les ouïes. Leurs poissons fraîchement pêchés semblent alors curieusement parés de fantastiques œillets rouges...

Pour ôter les arêtes, servez-vous d'une pince à épiler ou de brucelles (pinces de philatéliste).

Pour les écailler facilement, fabriquez-vous un instrument pratique en clouant quelques rangées de capsules métalliques sur un morceau de bois plat : leurs dents écaillent vite et bien !

# *La conservation des aliments*

*Au temps où les réfrigérateurs et les congélateurs n'existaient pas, conserver les aliments frais était un souci majeur. Les légumes étaient stérilisés ou plongés dans la saumure quelques heures après la cueillette. Quand ils n'étaient pas confits ou conservés dans de l'alcool, les fruits étaient destinés au séchage. Certaines resserres étaient aménagées de façon à y faire sécher des fruits (pommes, poires, raisins, figues, tomates), comme dans les celliers des fermes italiennes. Viandes et charcuteries étaient salées, fumées (beaucoup de maisons campagnardes possédaient leur propre four à fumer) ou conservées dans la graisse. Ces provisions, souvent accumulées pendant la belle saison, permettaient de passer l'hiver sans encombre et de combler les lacunes du marché quotidien.*

## Le fruitier

La meilleure température pour conserver vos fruits dans le fruitier est de 4° à 5° C environ.

Dans les vieux livres de ménage, il est conseillé de choisir une pièce sombre, aussi peu aérée que possible et orientée à l'est...

## Les pommes et les poires

Dans le fruitier ou sur une clayette, rangez plutôt les pommes la « tête » vers le haut, tandis que les poires seront posées la queue vers le bas.

Une goutte de cire à l'extrémité du pédoncule permet une meilleure conservation des fruits.

## Les figues

Noires ou vertes, quand elles semblent pleurer et s'ornent d'une goutte de suc, vous pouvez parier sur leur goût.

Quand on a la chance de posséder un figuier, dans une région chaude et ensoleillée, on peut faire sécher à l'air libre les figues récoltées à l'automne, en les étalant sur des claies.

### *Les pommes et les poires tapées*

1 KG DE POMMES

1 KG DE POIRES

1. Pelez les fruits, coupez-les en deux et ôtez-en le cœur.
2. Disposez-les sur la grille d'un four réglé au minimum et laissez sécher pendant au moins 4 heures.
3. Une fois secs, les fruits sont aplatis avec une cuiller en bois plate, d'où leur nom...

*Page de gauche*
*Une goutte de cire sur le pédoncule des poires leur permet de se conserver plus longtemps dans la fraîcheur d'un fruitier à l'ancienne.*

*Double page suivante*
*Les feuilles de laurier communiquent leur parfum aux figues qui sèchent. Les meilleures figues sèches se reconnaissent à l'impalpable poudre blanche qui les recouvre comme du sucre.*

*CI-CONTRE*
*Une fois séchées au soleil ou au four, les tomates doivent baigner dans l'huile d'olive pour se conserver plus longtemps.*

*PAGE DE DROITE*
*Mis à tremper dans du lait frais, les cerneaux de noix secs retrouveront tout leur moelleux.*

## *Les tomates séchées au four*

1 KG DE TOMATES BIEN MÛRES
ET PARFUMÉES
GROS SEL
HUILE D'OLIVE

1. Coupez les tomates en deux, saupoudrez-les de gros sel (ou, mieux encore, de fleur de sel) et disposez-les bien à plat sur une feuille d'aluminium huilée, face coupée contre la feuille.
2. Mettez-les au four à 130° C (thermostat 3-4) pendant au moins 4 heures. La chair doit être encore souple mais ne doit plus être juteuse.
3. Rangez ensuite les tomates dans un bocal et remplissez d'huile d'olive fruitée.

Une fois sèches, les figues se conserveront encore plus longtemps et prendront un parfum délicieux si vous les placez entre des feuilles de laurier ou de pêcher (alternez une rangée de fruits et une rangée de feuilles) dans une boîte en bois.

Les feuilles de laurier peuvent également être employées pour conserver les raisins secs, préalablement saupoudrés de sucre et rangés dans une boîte en bois, comme les figues.

## Les tomates

Il est difficile de faire sécher les tomates comme nos voisins italiens dans le grenier, mais vous pouvez parfaitement les faire sécher au four.

## Les noix

Jadis, on enfermait les noix dans de grandes jarres pleines de sable, afin qu'elles restent fraîches plus longtemps.

Si vous voulez retrouver la saveur des noix fraîches avec des noix sèches, faites tremper quelques heures les cerneaux secs dans du lait frais.

## Le raisin

Autrefois, on savourait le raisin jusqu'à Noël, en le conservant à l'abri du froid (mais aussi de la chaleur) et de l'humidité.

Selon un procédé de conservation à l'ancienne, les grappes de raisin sont accrochées par leur sarment à une bouteille ou à un flacon remplis d'eau. Employée autrefois à Thomery, près de Fontainebleau, en région parisienne, une petite ville renommée pour son

### *Astuce*

*Pour donner à des fruits ou à des fleurs un aspect décoratif tout en les rendant comestibles (pour une table de fête par exemple), vous pouvez les rouler dans de l'eau très sucrée, puis dans du sucre en poudre.*
*Une autre méthode plus raffinée consiste à badigeonner au pinceau les fruits ou même des fleurs comme les roses ou les violettes avec du blanc d'œuf battu en neige. Roulez-les ensuite dans du sucre glace, et vous obtiendrez des fruits ou des fleurs qui sembleront pris dans le givre.*

*CI-DESSOUS*
*Selon une méthode de conservation à l'ancienne, les grappes de raisin sont accrochées par leur sarment à une bouteille ou à un flacon remplis d'eau.*

chasselas blond, cette méthode de conservation est encore pratiquée dans le fruitier du domaine de Saint-Jean-de-Beauregard, où l'on peut admirer l'un des plus beaux jardins potagers et fruitiers d'Europe.

Ou bien suspendez les grappes à un fil, simplement retenues par le sarment. C'est ce que l'on faisait autrefois dans le midi de la France et en Italie, où les grappes de raisin étaient conservées dans une pièce lumineuse et fraîche.

## Fruits confits et confitures

Les fruits confits et les confitures ne furent connus en France qu'assez tard, car le sucre était autrefois un produit de luxe. C'est Catherine de Médicis qui introduisit à la cour l'usage de ces douceurs. L'un des premiers à avoir donné de vraies recettes de fruits confits et de confitures, aujourd'hui encore utilisables à condition de les adapter, fut un notable de Saint-Rémy-de-Provence, Michel de Notre-Dame, plus connu sous le nom de Nostradamus pour ses *Centuries*, recueil de prédictions pour les siècles à venir...

## Les fruits confits

La préparation des fruits confits prend beaucoup de temps. Plusieurs étapes sont nécessaires.

Piquez la peau de vos fruits. Faites-les blanchir quelques minutes dans de l'eau bouillante. Puis laissez-les tremper dans de l'eau froide pendant toute une nuit, avant de les faire cuire à nouveau dans de l'eau, très peu de temps. Plongez-les ensuite dans de l'eau fraîche, avant de les égoutter. Faites-les cuire enfin dans du sirop de sucre, jusqu'à ce qu'ils prennent un aspect translucide.

Dans certains livres de recettes anciens, on conseille d'ajouter une pincée d'alun (cela se trouve en pharmacie) dans l'eau où l'on fait blanchir les fruits, lorsqu'ils sont un peu trop mûrs et un peu mous. Ce rajout donne de la fermeté aux fruits.

Confits

## Les confitures

Pour juger du moment où la confiture est en train de prendre, trempez une cuiller dans le liquide en ébullition et laissez tomber quelques gouttes sur une assiette froide. Si la confiture file en sirop épais, il faut encore attendre. Mais si elle perle en gouttes épaisses et fige dans l'assiette, il faut aussitôt stopper la cuisson.

Pour faciliter la prise de vos confitures sans recourir à du sucre additionné de pectine, enfermez un trognon de pomme avec ses pépins et sa pelure dans un petit nouet. Riches en pectine naturelle, ils favoriseront la prise de toutes vos confitures.

Vous donnerez un parfum d'amandes à vos confitures d'abricots, de prunes ou de cerises en faisant cuire quelques noyaux concassés, enfermés dans un petit sachet de mousseline soigneusement noué, en même temps que les fruits.

Dès la cuisson achevée, la confiture doit être mise dans des pots ébouillantés. Mais il vaut mieux la laisser reposer 48 heures avant de fermer les pots, le temps qu'elle prenne totalement, ce qui évite la moisissure. Taillez des ronds de papier paraffiné à la dimension des pots et trempez-les dans de l'eau-de-vie avant de les appliquer sur la confiture. Il suffit ensuite de recouvrir les pots d'un carré de papier blanc ou kraft, serré par une ficelle ou un petit ruban de lin. La touche finale sera apportée par l'étiquette indiquant le nom du fruit et l'année de fabrication.

Lorsqu'une confiture moisit, c'est qu'elle n'a pas assez cuit. Il faut ôter toute trace de moisissure et refaire cuire les fruits.

*PAGE DE GAUCHE*
*La véritable confiture d'oranges à l'ancienne se prépare avec un mélange d'oranges douces et d'oranges amères, que l'on se procure en hiver.*

## *La confiture d'oranges amères de Lila*

POUR UNE TRENTAINE DE POTS

12 ORANGES AMÈRES

6 ORANGES DOUCES

4 CITRONS

8 KG DE SUCRE EN POUDRE

12 L D'EAU

1. Coupez les fruits entiers, non épluchés, en très fines lamelles. Conservez les pépins à part dans un bol à moitié rempli d'eau.
2. Placez les tranches de fruits dans un grand saladier ou une cuvette émaillée et recouvrez-les d'eau. Laissez reposer toute une nuit.
3. Le lendemain, transvasez l'eau et les fruits dans une bassine à confiture et laissez cuire le tout pendant 2 heures.
4. Retirez du feu, ajoutez le sucre et laissez à nouveau reposer toute une nuit.
5. Le lendemain, filtrez l'eau des pépins qui ont formé une gelée et ajoutez-la au mélange dans la bassine. Laissez cuire à petits bouillons un peu plus d'une heure, jusqu'à ce que la confiture prenne.

Ayant vécu un certain temps au Maroc, Lila faisait sa confiture avec ces oranges que l'on nomme « bigarades », à la chair douce-amère, excellente pour les confitures. On ne les trouve en France que sur commande chez certains épiciers ou en Provence...

Elle préparait en hiver sa provision de confiture d'oranges pour l'année, ce qui explique les quantités données. Mais rien ne vous empêche de diviser ces proportions...

## *La graisse normande d'Eugénie*

1 LIVRE DE GRAISSE DE ROGNONS DE BŒUF

(À COMMANDER À L'AVANCE AU BOUCHER)

125 G DE POIREAUX

125 G D'OIGNONS

125 G DE NAVETS

1 BRANCHE DE CÉLERI

1 TOUFFE DE PERSIL

1 TÊTE D'AIL

2 BRANCHES DE THYM

SEL

POIVRE

1. Coupez la graisse froide en gros cubes et faites-la fondre doucement dans une casserole à fond épais ou une marmite en fonte. Pendant ce temps, émincez tous les légumes.
2. Ajoutez-les dans la graisse avec les aromates. Mélangez. Salez et poivrez à votre goût.
3. Versez cette graisse encore chaude dans un bocal en verre ou un pot de grès et conservez au frais.

Cette graisse se conserve longtemps et peut être utilisée pour les potages, les bouillons ou les ragoûts, auxquels elle donne une saveur inimitable.

De même, une confiture trop cuite et cristallisée peut être sauvée en la refaisant cuire après y avoir ajouté un jus de citron.

Pour obtenir une belle gelée de fruits rouges, utilisez un torchon spécial en étamine de coton, semblable à de la gaze à trame épaisse, qui servira de filtre. Un grand carré de toile à beurre pourra également faire l'affaire.

### Les conserves de légumes

Ébouillantez toujours vos pots avant d'y mettre les légumes à stériliser ou en conserve dans le vinaigre.

Pour que les bocaux en verre ne s'entrechoquent pas dans l'autocuiseur pendant l'ébullition, enveloppez-les dans un torchon ou un linge fin.

Si vous voulez faire des conserves de tomates, choisissez plutôt des tomates à chair ferme. Les Roma, de forme allongée, sont idéales pour cette préparation.

N'hésitez pas à ajouter à vos légumes du poivre, des herbes (estragon, basilic, céleri, persil plat, aneth), ainsi que des épices (coriandre en grains, clous de girofle, cardamome, piments).

Les cornichons ne doivent pas être lavés. Il suffit de les frotter dans un torchon propre au fond duquel vous aurez déposé une couche de gros sel. Enfermez les cornichons dans le torchon et frottez vigoureusement entre vos mains.

Ils seront plus croquants si vous ajoutez un morceau de sucre au vinaigre qui les conserve.

*PAGE DE DROITE*
*Une fenêtre appétissante, où sont posés des bocaux de conserves qui refroidissent avant d'être rangés dans l'obscurité d'une armoire ou d'une resserre.*

# *Le beurre, les œufs, le fromage et le lait*

*La vache et la poule étaient des animaux indispensables dans les fermes. Grâce à elles, la crème, le beurre et le fromage étaient préparés à la maison.*

*Dans les manuels d'économie domestique, comme dans les livres de cuisine, on apprenait aux ménagères à conserver le beurre, qui rancissait trop vite, ainsi que les fromages, ou à reconnaître les œufs frais.*

## Reconnaître les œufs frais

Désormais, les œufs sont datés, mais il existe un moyen traditionnel d'identifier les œufs bien frais, à manger à la coque. Immergez-les dans un récipient contenant de l'eau salée à 15 % (150 g de gros sel pour 1 litre d'eau). Ceux qui coulent sont frais. S'ils ont plus de cinq jours, ils renferment plus d'air et remontent à la surface. S'ils surnagent, jetez-les.

Quand les réfrigérateurs n'existaient pas, on rangeait les œufs dans plusieurs couches de papier journal. On les enterrait parfois sous de la cendre, de la sciure de bois ou du sable. Un autre procédé de conservation consistait à enduire la coque d'huile, de saindoux ou de vaseline...

## La cuisson des œufs

Pour qu'ils n'éclatent pas à la cuisson, piquez les extrémités avec une grosse aiguille et prenez la précaution d'ajouter une cuillerée de vinaigre à l'eau de cuisson.

Pour que les œufs à la coque soient parfaitement cuits, posez-les dans un saladier, versez dessus une casserole d'eau bouillante, couvrez et attendez sept bonnes minutes avant de les déguster.

Les enfants adorent plonger des « mouillettes », largement tartinées de beurre, dans le jaune d'un œuf à la coque. Le pain traditionnel peut être remplacé par des asperges tièdes ou des bâtonnets de fromage cuit, ou bien encore par des mouillettes de fougasse aux olives ou aux anchois...

Pour reconnaître un œuf cru d'un œuf dur, faites-le tourner sur lui-même. L'œuf cru pivote difficilement, tandis que l'œuf dure vire comme une toupie.

---

## *Les œufs au plat à l'ancienne*

2 œufs
1 grosse noix de beurre
Sel
Poivre

1. Dans un petit plat rond en porcelaine à feu, faites fondre une grosse noix de beurre et salez légèrement. Quand le beurre commence à dorer, versez le blanc des œufs et laissez cuire.
2. Quand le blanc a pris, ajoutez les jaunes et laissez cuire encore quelques secondes.

Il ne faut jamais saler le jaune, sinon il se tache de blanc.

---

## La conservation du beurre

Pour conserver le beurre plus longtemps, enveloppez-le dans un linge trempé dans de l'eau vinaigrée ou citronnée (quelques gouttes suffisent).

Quand il fait chaud, si vous ne voulez pas mettre le beurre au réfrigérateur d'où il sort trop dur, posez-le sur une assiette et recouvrez-le d'un pot en terre cuite trempé dans de l'eau. Mouillez le pot tous les jours. Le beurre se conserve et reste frais grâce à l'évaporation de l'argile.

Pour présenter joliment le beurre, enveloppez-le dans une feuille de rhubarbe, de chou bien frais (pas trop longtemps, pour éviter qu'il ne lui communique son odeur) ou d'oseille.

## *Redonner sa fraîcheur à du beurre rance*

125 G DE BEURRE
3 CUILLERÉES À SOUPE
DE BICARBONATE DE SOUDE
1 FEUILLE DE LAURIER
1 BOL D'EAU SALÉE

1. Mettez le beurre dans un saladier rempli d'eau glacée additionnée de bicarbonate de soude. Malaxez-le vigoureusement. Le bicarbonate détruit les germes responsables de la fermentation et neutralise le goût rance.
2. Placez ensuite le beurre dans un récipient au fond duquel vous aurez mis une feuille de laurier et versez dessus de l'eau salée. L'essence de laurier, antiseptique, permet une meilleure conservation.

## *La conservation du beurre par le sel*

Pour que le beurre rancisse moins vite, surtout si vous l'achetez à la motte, il existe un moyen facile de le conserver.

LA QUANTITÉ DE BEURRE VOULUE
POUR REMPLIR UN POT OU UN BOCAL
100 G DE SEL
1 L D'EAU

1. Préparez une solution saline à 10 % : faites bouillir 1 litre d'eau, versez-y 100 g de sel dès la première ébullition et laissez bouillir quelques secondes.
2. Lorsque l'eau a refroidi, versez-la sur le beurre tassé dans un pot de grès ou un bocal en verre. Conservez au frais.

## La recette d'Alexandre Dumas pour faire du beurre

Dans son *Grand Dictionnaire de cuisine,* Alexandre Dumas préconise une étonnante méthode : « Dans quelque pays que j'aie voyagé, j'ai toujours eu du beurre frais du jour même. Je donne ma recette aux voyageurs, elle est bien simple et en même temps immanquable. Partout où je pouvais me procurer du lait, soit de vache, soit de chamelle, soit de jument, soit de brebis et particulièrement de brebis, je m'en procurais, j'en emplissais une bouteille aux trois quarts, je la bouchais, je la suspendais au cou de mon cheval, et je laissais mon cheval faire le reste. En arrivant le soir, je cassais le goulot et je trouvais à l'intérieur un morceau de beurre gros comme le poing qui s'était fait tout seul... Cette méthode m'a toujours réussi. »

## La conservation du fromage

Mettez les fromages sous cloche et posez un morceau de sucre sur le plateau : il absorbera l'excès d'humidité.

Enveloppez les fromages à pâte cuite dans un linge fin préalablement trempé dans du vin blanc et essoré.

## Le lait

Du temps où le lait cru n'était ni pasteurisé, ni stérilisé, ni homogénéisé, on le faisait toujours bouillir avant de le consommer. Comme il était entier, il se formait une épaisse couche de crème au-dessus du liquide. Elle était soigneusement recueillie par les maîtresses de maison, qui l'utilisaient pour la pâtisserie ou la cuisine.

Rincez rapidement votre casserole à l'eau froide avant d'y verser le lait, pour qu'il n'attache pas.

Pour que le lait ne déborde pas quand on le fait chauffer, il suffit de poser une petite cuiller en métal ou une soucoupe au fond de la casserole.

Corrigez la saveur un peu particulière du lait en poudre en salant légèrement l'eau que vous y ajoutez.

## Fabriquer du lait caillé ou des yaourts

Le lait caillé, très apprécié autrefois, remplaçait le yaourt que nous mangeons aujourd'hui. En l'égouttant dans une mousseline, il perd son petit lait et devient semblable à du fromage blanc, que l'on peut aromatiser de fines herbes et de poivre, ou bien sucrer avec du miel, de la confiture ou de la cassonade (sucre roux).

*PAGE DE GAUCHE*
*Fromages sous cloche.*
*Ils se conserveront mieux si vous placez quelques morceaux de sucre sur le plateau et si vous laissez passer un peu d'air (le sucre peut servir de cale improvisée...).*

## *Un fromage maison*

DES RESTES DE FROMAGES
À PÂTE MOLLE ET FERMENTÉE
DE LA MÊME FAMILLE DE SAVEUR
LA MOITIÉ DE LEUR POIDS EN BEURRE
OU EN CRÈME FRAÎCHE
CHAPELURE OU HERBES CISELÉES

1. Ôtez toutes les croûtes des fromages.
2. Mélangez les restes de fromages dans le bol d'un mixeur avec le beurre ou la crème fraîche, jusqu'à obtention d'une pâte.
3. Mouillez la paume de vos mains et formez des boulettes que vous roulerez ensuite une à une dans de la chapelure ou des herbes.

## *Le roquefort au porto*

150 G DE ROQUEFORT
75 G DE BEURRE
1 CUILLERÉE À SOUPE DE PORTO

1. Travaillez le beurre ramolli et le roquefort à la fourchette, jusqu'à obtention d'une pâte homogène, crémeuse mais épaisse.
2. Ajoutez le porto et mélangez bien.
3. Versez cette préparation dans une jolie coupe de verre ou un pot de grès et conservez au réfrigérateur. Sortez du réfrigérateur au moins 1 heure avant de servir.

~ Pour qu'il se transforme plus vite en lait caillé, ajoutez du foin d'artichaut enfermé dans un petit nouet de mousseline au lait cru placé dans une pièce chaude.

~ En Provence, les fermières frottaient l'intérieur d'une terrine avec une touffe de thym sauvage ou de serpolet : cela suffisait à faire cailler le lait.

~ En mélangeant un pot de yaourt à du lait cru frais versé dans une coupe et placé dans un endroit chaud, vous obtiendrez en une nuit une jatte de délicieux yaourt.

---

## *Le vrai café au lait de nos grands-mères**

1 BOL DE CAFÉ AU LAIT SUCRÉ

2 TARTINES DE PAIN BEURRÉ

1 PINCÉE DE SEL

1. Dans un bol en porcelaine à feu, versez le café au lait bien sucré.
2. Beurrez des tartines de bon pain et posez-les comme des petits bateaux à la surface du liquide.
3. Placez le bol dans un four chaud, d'où il ne sera retiré que lorsque le dessus sera devenu une croûte à la fois croustillante et fondante.

---

* *C'est Colette qui a donné cette recette de « café au lait de concierge », évoquée dans* Chéri *et détaillée pour les lectrices du journal* Marie-Claire *en 1939. Dernier conseil de l'écrivain : « Avant de rompre votre radeau de pain cuit, jetez-y une poussière de sel. Le sel mordant le sucre, le sucre très légèrement salé, encore un grand principe que négligent nombre d'entremets et pâtisseries parisiennes, qui s'affadissent faute de goût. » (in* Colette gourmande, *Marie-Christine et Didier Clément, Albin Michel, 1990.)*

## Une confiture de lait douce comme l'enfance

Tous ceux qui ont conservé au fond de leur mémoire gourmande la saveur du lait concentré sucré, goutté à même le tube, adoreront la douceur caramélisée de la confiture de lait. Un dessert dont l'origine est probablement argentine : on le nomme là-bas « dulce de leche », mot à mot « sucrerie de lait ».

~ Cette confiture est très simple à réaliser, puisqu'il suffit de faire cuire au bain-marie une boîte de lait concentré sucré pendant une heure et demie (ou deux, si l'on apprécie une consistance plus dense). On laisse ensuite refroidir la boîte avant de l'ouvrir et de déguster le « dulce » à la petite cuiller, une gourmandise à l'état pur pour grands et petits.

---

## *Le lait caillé ou le yaourt aux fruits secs et au miel*

1 GRAND BOL DE LAIT CAILLÉ ÉGOUTTÉ OU DE YAOURT

1 VERRE À MOUTARDE D'ABRICOTS SECS, DE RAISINS SECS ET DE PRUNEAUX DÉNOYAUTÉS

2 CUILLERÉES À SOUPE DE MIEL LIQUIDE

LE ZESTE RÂPÉ D'UNE DEMI-ORANGE NON TRAITÉE

1. Coupez les fruits secs en lamelles et laissez-les tremper quelques minutes dans de l'eau bouillante pour qu'ils gonflent.
2. Mélangez-les au lait caillé ou au yaourt.
3. Ajoutez le miel et le zeste râpé. Mettez au réfrigérateur au moins 1 heure avant de servir.

---

# *Trucs et astuces pour la pâtisserie*

*La pâtisserie est parfois un jeu d'enfant, mais elle nécessite aussi certains tours de mains qui tiennent de la chimie la plus élémentaire et que les cuisiniers apprennent en pratiquant un grand nombre de recettes.*

*C'est avec l'expérience que les pâtissières font toujours reposer la pâte à tarte au frais avant de la faire cuire. En revanche, elles mettent un soufflé au four sans le faire attendre trop longtemps. Elles prennent également l'habitude de pétrir rapidement la pâte avec des mains fraîches (au besoin, en les trempant d'abord dans l'eau froide), car elles savent qu'une pâte travaillée trop longtemps devient dure comme du bois à la cuisson.*

## Les tartes

Brisée, sablée ou feuilletée, la pâte doit toujours reposer un certain temps avant d'être cuite au four, afin que le beurre s'amalgame mieux à la farine.

Il ne faut jamais pétrir longtemps la pâte, sinon elle durcit pendant la cuisson.

Pour que prunes, pêches ou abricots coupés en deux ne détrempent pas la pâte à tarte, ne les posez pas face coupée mais face bombée sur la pâte.

Une fine couche de chapelure ou du blanc d'œuf badigeonné sur la pâte absorberont le jus en excès.

## Les fruits secs ou confits

Pour que les fruits secs ou confits ne tombent pas au fond du cake ou du gâteau, roulez-les dans la farine avant de les incorporer à la pâte encore liquide. Le plus simple est de les mettre dans un petit sac en plastique (sac à congélation, par exemple) avec la farine. Fermez le sac et agitez vigoureusement.

Avant de les utiliser pour une compote ou un gâteau, faites tremper les pruneaux et les abricots secs dans une décoction de thé fort qui leur prêtera un peu de sa saveur.

## *La pâte brisée instantanée*

125 G DE BEURRE FRAIS

250 G DE FARINE

1 PINCÉE DE SEL

1/2 VERRE D'EAU

POUR UNE PÂTE SUCRÉE :

100 G DE SUCRE EN POUDRE

1. Faites fondre le beurre à feu très doux. Lorsqu'il est devenu liquide, ôtez du feu et ajoutez l'eau et le sel. Versez la farine d'un coup. Mélangez avec une cuiller en bois jusqu'à ce que la pâte forme une boule.
2. Beurrez un plat à tarte. Étalez uniformément la pâte encore tiède et molle avec le plat de la main, de façon à ce qu'il n'y ait pas d'endroits plus épais que d'autres.
3. Piquez le fond de la pâte avec une fourchette et tracez des traits en diagonale sur les bords pour les aplatir.

## Pour caraméliser plus vite

Servez-vous d'un petit chalumeau pour caraméliser le dessus des crèmes brûlées ou tout autre dessert qui doit être recouvert d'une fine couche de caramel. Cela va plus vite que le four ou même le fer rond dont se servent les cuisinières catalanes pour leur célèbre crème brûlée.

## Des gâteaux bien dorés

Il suffit de badigeonner la pâte crue de jaune d'œuf avec un pinceau pour qu'elle prenne à la cuisson un aspect doré et brillant. Si vous n'avez pas de jaune d'œuf, du lait frais le remplacera parfaitement.

Pendant la cuisson de vos gâteaux, en particulier s'il s'agit de meringues, de soufflés ou de toute autre préparation contenant des blancs d'œufs montés en neige, la porte du four doit rester impérativement fermée, sous peine de les voir se dégonfler comme des baudruches.

## Le sucre parfumé

Quelques gousses de vanille fendues en deux placées dans un bocal de sucre en poudre lui communiqueront leur parfum inimitable.

Pour confectionner un sucre aromatique insolite, faites alterner dans un bocal une couche de grains de lavande et une couche de sucre. Ce sucre à la lavande peut être utilisé pour les salades de fruits, les crèmes ou les gâteaux.

---

## *Le « Plume cake » de Jean*

Écrivain et amateur de desserts, Jean était un grand-père qui adorait faire de la pâtisserie. Le nom de sa recette de cake est un clin d'œil à son métier, la plume, et aux raisins (en anglais, *plum*) qui truffent ce gâteau d'origine anglaise.

225 g de farine
150 g de beurre
150 g de sucre en poudre
200 g de raisins de Corinthe et de Smyrne mélangés
4 œufs
1/2 sachet de levure anglaise
1 verre à madère de rhum
Le zeste haché d'un demi-citron
1 pincée de sel

1. Laissez tremper les raisins secs dans le rhum.
2. Coupez le beurre ramolli à température ambiante en petits morceaux dans une grande terrine.
3. Ajoutez le sucre et le sel et fouettez jusqu'à ce que le mélange blanchisse.
4. Incorporez les œufs un à un en battant bien la pâte.
5. Ajoutez la levure à la farine et versez la farine en pluie dans la terrine.
6. Travaillez la pâte à l'aide d'une spatule, en la soulevant pour l'aérer et la rendre légère.
7. Égouttez les raisins. Enrobez-les de farine et incorporez-les à la pâte avec le zeste de citron haché.
8. Beurrez un moule à cake et faites chauffer le four à 180° C (thermostat 8). Versez la pâte dans le moule et mettez-le au four.
9. Laissez cuire 10 minutes, puis baissez le four à 130° C (thermostat 4). Laissez cuire environ 50 minutes.

Le cake est cuit lorsque la lame d'un couteau piquée dans la pâte ressort sèche. Si le dessus du cake dore trop en fin de cuisson, recouvrez-le d'une feuille d'aluminium.

# Une maison
## *douce à vivre*

« *J*e vais vous décrire sa vie à partir de l'intérieur, et sa maison aussi, les pièces où se concentrait la vie, les chambres baignées de soleil le matin, au plancher garni de tapis orientaux abricot, rouge et ocre, hérités de sa belle-mère, qui semblaient absorber la lumière malgré l'usure, retenir la chaleur ; livres, fleurs séchées, coussins dans les tons de Matisse, objets étincelants d'authenticité dont beaucoup, s'ils avaient appartenu à un peuple ancien, auraient été placés dans les tombes pour une autre vie : dés en cristal, morceaux de corne de cerf, perles d'ambre, boîtes, sculptures, boules de bois... » James Salter, *Un bonheur parfait,* éditions de l'Olivier, 1997.

Une maison ressemble souvent à ceux qui y habitent et l'ont meublée et décorée d'objets disparates, amassés au fil des ans et des hasards, sans tenir compte vraiment des modes et des usages ; pour que l'on y soit bien et que l'on y sente battre le cœur de la vie. Des rideaux improvisés, des bougies allumées, des parfums boisés, fruités ou épicés, des bouquets renouvelés chaque semaine, une peinture vive ou pâle suffisent parfois à lui donner encore plus d'éclat, sans changer profondément la nature de son charme indéfinissable. On s'y transmet, de génération en génération, des tours de main qui sont aussi utiles aujourd'hui qu'autrefois, et l'on retrouve le plaisir de fabriquer, d'embellir et de cuisiner, en prenant le temps : le temps de vivre, tout simplement... Ce qui est important, c'est le « cœur de la vie ».
La patience s'apprend, l'imagination aussi. Il suffit de regarder, de sentir et de toucher autrement chaque chose, pour que le quotidien devienne une fête.

# *Les peintures traditionnelles*

*Les couleurs racontent une histoire, celles que l'on voit encore sur les murs anciens, dans les maisons qui ont vécu. Les jaunes, les rouges et les ocres sont liés au Midi, tandis que les nuances pâles des gris, des beiges et des bleus se rattachent plutôt aux terres du Nord.*

*Mais il arrive que le regard soit captivé par le vert émeraude ou le rouge insolite d'une porte irlandaise ou scandinave... Et l'on reconnaît vite le bleu caractéristique utilisé en Grèce, au Maroc, en Tunisie et en Orient, que l'on appelle en France « bleu charrette » ou « bleu charron ». Élaboré à l'origine avec du bleu de méthylène mélangé à de la chaux, ce bleu très reconnaissable était autrefois utilisé par les paysans pour colorer les portes, les fenêtres, les harnais et les charrettes, car il était censé éloigner les mouches...*

## La peinture au lait

Le lait était souvent utilisé comme liant pour les pigments en poudre. La peinture ainsi obtenue permet de colorer facilement le bois et le plâtre (c'est le principe des peintures à la caséine, couramment employées autrefois). Une fois sèche, elle est translucide et brillante, à moins qu'on ne lui ajoute de la chaux pour une consistance plus épaisse.

La peinture au lait est encore utilisée aujourd'hui pour restaurer les vieilles maisons, les boiseries et les meubles peints anciens. Le support doit être mat et poncé. Il est conseillé de la protéger par une couche de vernis, surtout à l'extérieur, car elle est assez fragile.

Les peintures à base de pigments sont utilisées depuis la préhistoire. Pour faire adhérer les poudres colorées sur les murs, les hommes ont utilisé différents supports, comme le lait ou la caséine, l'œuf, ou les colles animales (poisson ou lapin), qui sont encore vendues dans les magasins fournissant du matériel spécialisé aux artisans et aux peintres.

### *La peinture au lait*

1 L DE LAIT

1 PAQUET OU 1 SACHET DE PIGMENT EN POUDRE (LA QUANTITÉ À UTILISER DÉPEND DU RÉSULTAT À OBTENIR, PLUS OU MOINS CLAIR OU SOMBRE)

1. Diluez peu à peu le pigment dans le lait, pour obtenir une consistance de bouillie assez épaisse.
2. Ajoutez du pigment si vous trouvez la nuance trop claire.

*Page de gauche*
*Dans une chambre du château de Giniac, la chaise s'appuie contre un mur peint à l'ancienne avec du bleu à la chaux, festonné comme un ourlet précieux.*

~ Les pigments permettent d'inventer toutes sortes de teintes et d'obtenir des patines très différentes de celles résultant de l'utilisation de peintures acryliques ou glycérophtaliques, employées actuellement.

*CI-DESSUS*
*Traditionnellement, le bleu est la couleur du manteau de la Vierge Marie qui arbore dans les églises un habit aux couleurs du ciel.*

*PAGE DE DROITE*
*Les pigments en poudre doivent être délayés dans un liquide : lait, colles animales, œuf ou autre, afin de mieux adhérer au support qu'ils doivent colorer.*

## *La peinture à la chaux*

4 L D'EAU
2 KG DE CHAUX
700 G DE GROS SEL

1. Versez la chaux dans l'eau, remuez bien et laissez reposer toute une nuit.
2. Le lendemain, ajoutez à ce mélange le sel dissous dans 2 l d'eau bouillante. Remuez bien et ajoutez alors la quantité de pigment qu'il vous faut, jusqu'à obtention de la teinte désirée.

Cette peinture, la plus employée autrefois, permettait de rafraîchir chaque année les maisons du sol au plafond.

Méfiez-vous, la couleur paraît toujours plus foncée tant qu'elle n'est pas sèche. Faites un essai préalable pour connaître la teinte définitive.

## *Astuces*

*Essayez un vieux procédé pour absorber l'odeur de la peinture à l'huile ou glycérophtalique : placez plusieurs soucoupes de lait frais ou de vinaigre chaud dans la pièce.*
*Pour éviter les traces de peinture sur un miroir ou une vitre, passez un oignon coupé en deux sur toute la surface du verre : cela empêchera la peinture d'y adhérer.*

# *La lumière*

*« Une lampe allumée derrière la fenêtre*
*Veille au cœur secret de la nuit. »*

Antée, *C. Barucoa, in* La Flamme d'une chandelle, *Gaston Bachelard, Puf, 1962.*

*Qu'elle vienne d'une lampe, d'une lanterne, d'un feu ou d'une bougie, la lumière déchire l'obscurité. Vue du dehors, elle rassure, dit au passant que la maison vit et qu'elle est habitée.*

*Inutile d'inonder la maison de lumière, mieux vaut jouer sur les différentes sources lumineuses et leur éclat plus ou moins brillant. Les ampoules traditionnelles dispensent une lumière chaude et jaune, les bougies confèrent au lieu le plus simple une atmosphère un peu magique.*

*On peut aussi habiller la nuit de lanternes et de lucioles retenant des flammes prisonnières dans leurs parois de verre, jusque sur les fenêtres, le long d'un chemin ou dans un arbre du jardin...*

## Des fenêtres habillées du charme de la simplicité

Quand on aime la simplicité et le naturel, l'habillage des fenêtres peut être constitué de draps blancs ou teints, en coton ou en lin. On trouve encore dans les brocantes des draps de gros lin ou de chanvre blancs ou écrus, qui conviennent aux décors non sophistiqués.

Un drap ancien, rehaussé de broderies, de dentelle ou d'un monogramme, tamise joliment la lumière du soleil. On peut choisir de placer l'ornement sur le haut du drap, en rabattant quelques centimètres, à la manière d'un volant flottant, ou, au contraire, s'il s'agit par exemple d'un monogramme ou d'une bordure ouvragée, laisser ceux-ci dans le bas, comme un ourlet raffiné.

Pour une fenêtre assez étroite, on peut s'inspirer des rideaux scandinaves, constitués d'un voilage plus ou moins léger monté à plat et relevé d'un seul côté

de la fenêtre par un lien ou un œillet accroché à un clou tapissier en laiton ou en métal patiné.

Pour rafraîchir une pièce en été, lorsqu'il fait très chaud, mouillez complètement votre rideau et laissez les vitres ouvertes. En passant sur le tissu humide, l'air se rafraîchit automatiquement.

## Les rideaux d'ailleurs

Les saris en mousseline de coton, aux couleurs douces ou flamboyantes, permettent de réaliser rapidement des rideaux à l'allure précieuse ou même un baldaquin au-dessus d'un lit. Il suffit d'un seul sari pour habiller une fenêtre à doubles vantaux ou un baldaquin, dont

*Ci-dessus*
*Détail des cailloux de verre, enchâssés et retenus dans le coton par un point de couture exécuté au coton à broder.*

*Page de droite*
*Le rideau-vitrail restera éternellement inachevé, comme l'avait voulu sa créatrice.*

## *Le rideau-vitrail de Lila*

2 draps blancs en lin ou en métis
Des morceaux de verre
joliment colorés
que vous aurez collectés
sur la plage

1. Placez les morceaux de verre entre les deux draps et suivez-en les contours au point avant.
2. À l'aide de ciseaux très pointus, découpez une petite ouverture plus ou moins étroite, large, ronde ou fine...
3. Les contours de ces ouvertures seront brodés au point de boutonnière.

En s'inspirant des étoffes brodées dans les régions de l'ouest de l'Inde, comme le Rajasthan, le Sind ou le Gujarat, Lila, il y a plus de trente ans, avait imité les jeunes mariées indiennes qui apportent en dot, dans leur trousseau, des étoffes, des tentures ou des harnachements pour les animaux, souvent rehaussés de perles minuscules ou d'éclats de miroir brodés à même le tissu. C'est un travail de longue haleine (la réalisation de ce rideau avait pris environ un an !), mais le résultat en vaut la peine.

Une fois terminé, ce rideau pèse assez lourd et il est impératif de le laver à la main. Dans une machine, les bouts de verre se brisent et usent le tissu qui les retient.
On peut aussi remplacer ces éclats de lumière par des coquillages.

les plis retombent sur les côtés. On trouve des saris lors des expositions consacrées régulièrement à l'Inde dans les grands magasins ou dans certains magasins tenus par des Indiens.

## Des embrasses originales

Pour relever un rideau, on peut se servir de bien d'autres choses que des traditionnelles passementeries.

- On peut, par exemple, nouer des coquillages à une tresse épaisse de ficelle brute.
- Un foulard bariolé, un collier de grosses perles colorées ou de coquillages ou même un bracelet (lorsqu'il s'agit d'un voilage) retiendront joliment un rideau.

Pour une maison en fête, on peut acheter une natte de raphia dans une jardinerie et la piquer de feuilles et de fleurs, artificielles ou fraîches (mais celles-ci ne dureront que le temps d'un « déjeuner de soleil »).

## Le brise-bise

Le terme de « brise-bise » est relativement récent puisque, si l'on en croit le dictionnaire *Le Robert,* il daterait de la fin du XIX$^{e}$ siècle. Ce qui laisserait supposer que l'on ne se servait pas auparavant de ces courts rideaux placés au bas d'une fenêtre, afin de couper court aux froids effets de la bise.

Un torchon de cuisine finement rayé, une serviette de table damassée ou même un grand mouchoir traditionnel orné de carreaux blancs et bleus ou blancs et rouges peuvent devenir de jolis brise-bise pour une cuisine ou une salle de bain. Il faut autant de torchons ou de serviettes que de carreaux de fenêtres à habiller, de fines tringles en métal ou des tuteurs en bambou (idéals pour une maison de campagne ou située au bord de la mer), des anneaux à pince (il en faut généralement 5 ou 6 pour un carreau). Il suffit de pincer le tissu à intervalles réguliers et d'enfiler ensuite les anneaux sur la tringle.

---

### *Astuce*

*La toile à beurre, très fine et légère, peut parfaitement remplacer un voilage traditionnel. Sachez simplement que, après le lavage, elle prend un aspect froissé. Il peut être intéressant de conserver ces plis, qui rappellent les étoffes de l'Espagnol Fortuny, mais vous pouvez leur redonner un aspect bien lisse en repassant le tissu encore humide.*

---

*Ci-contre*
*Une embrasse éphémère, faite de fleurs et de feuilles, piquées dans une tresse de raphia.*

*Page de droite*
*De jolies serviettes en coton damassé, brodées d'un chiffre ancien, ont été transformées en brise-bise pour la cuisine. Une manière de voir, sans être vu...*

## *Fabriquez vos bougies*

1. Récupérez la cire de vos bougies lorsqu'elles arrivent presque au bout de leur existence et faites-la fondre au bain-marie.
2. Coulez cette cire dans des verres incassables ou de jolis moules huilés, que vous pourrez parfumer en y ajoutant quelques gouttes d'essence ou de parfum à brûler.
3. On trouve des mèches pour les bougies dans les magasins spécialisés dans les travaux manuels et certaines grandes surfaces de bricolage. Pour les faire tenir droites dans la cire liquide, attachez-les à un crayon que vous poserez en travers du récipient où vous faites couler la cire.

## Les bougies

La cire des bougies est une matière fragile, qui se raye et se casse facilement. Si vous voulez avoir des provisions de bougies de toutes les couleurs, prenez l'habitude de les envelopper dans du papier de soie incolore (teinté, il risque de colorer la cire...).

Si vous voulez redonner du brillant à des bougies qui ont pris la poussière et sont peut-être abîmées, enfilez un vieux collant sur votre main et frottez doucement la surface pour la polir.

Pour introduire une bougie dans un chandelier à ouverture étroite, il suffit de ramollir la cire en la plongeant quelques secondes dans de l'eau chaude.

Évitez toute source de chaleur à proximité de vos bougies : le soleil lui-même risque de les ramollir et de leur donner une forme curieuse.

Les taches de bougie sont faciles à ôter, pourvu que la cire ne soit pas colorée. Grattez la tache avec la lame d'un couteau. Appliquez ensuite sur la tache un morceau de papier de soie ou de papier absorbant et repassez au fer chaud. Changez le papier jusqu'à ce qu'il n'y ait plus de traces de gras. Enfin, lavez le tissu.

Pour qu'une bougie neuve ne coule pas, allumez-la, laissez-la brûler quelques secondes, puis versez une épaisse couche de sel fin autour de la mèche.

Vous pouvez aussi faire tremper vos bougies dans de l'eau fortement salée ou les laisser toute une nuit au congélateur...

*CI-DESSUS*
*Les amoureux de la lumière aux bougies en font toujours de grandes provisions, afin de pouvoir allumer tous les soirs ces lueurs tremblantes.*

*PAGE DE DROITE*
*Les bobèches de verre transparent ou coloré permettent de recueillir la cire et évitent les taches sur les meubles ou le linge.*

## L'art du feu de bois

Pour allumer facilement un feu, certaines règles doivent être respectées. « Il faut toujours avoir, en même temps que le bois à brûler, des fagots bien secs qui ne servent pas seulement à faciliter l'allumage du feu, mais à donner des feux très gais, dits "flambées", répandant beaucoup de chaleur et de gaieté dans les pièces », conseille la comtesse de Gence dans son *Encyclopédie de la vie pratique.*

On peut se servir aussi de pommes de pin ramassées dans la forêt (elles sont esthétiques, brûlent vite et dégagent un merveilleux parfum), de papier journal et de bûches bien sèches. Le bois doit sécher pendant un an avant d'être brûlé ; trop vert, il brûle mal et dégage plus de fumée que de chaleur.

Disposez une pyramide dans la cheminée, dont la base est constituée de journaux et de petit bois. Quand ils commencent à flamber, ajoutez les bûches, en laissant toujours de l'air circuler entre elles.

## Le choix du bois

En ville, il est impossible de choisir son bois, mais, à la campagne, il peut être utile, comme le conseillaient autrefois les livres d'économie domestique, de se fournir en essences différentes. « Un bon feu doit comporter plusieurs essences de bois. Le chêne dure plus longtemps que le hêtre. Un feu de chêne, de hêtre et d'orme sera parfait, car ces deux dernières essences fourniront beaucoup de braises. » Parmi toutes les essences, le noyer fournit le plus de chaleur, suivi du poirier, du chêne, du châtaignier et du frêne.

Si vous habitez au bord de la mer, ramassez les bois flottés que les vagues ont déposés sur la plage. C'est un très bon bois d'allumage, qui dégage souvent une merveilleuse odeur (peut-être à cause du sel dont il est imprégné).

Si vous habitez une région viticole, ramassez les sarments, idéals pour les flambées, ainsi que pour parfumer les grillades au feu de bois.

Il faut se méfier des projections engendrées par certains bois : les écailles des branches de pin peuvent ainsi provoquer une incandescence très dangereuse si l'on ne prend pas la peine de protéger la cheminée par un pare-feu. C'est une précaution indispensable lorsqu'on laisse un feu allumé dans une pièce où il y a des enfants, ou bien lorsqu'on s'absente. Avant de quitter la maison, il faut s'assurer que le feu est éteint en versant de l'eau sur les braises qui peuvent subsister.

*CI-CONTRE*
*Derrière la porte calée par des galets de l'Adour, une corbeille accueille les sarments et le petit bois destinés à allumer les flambées.*

*PAGE DE DROITE*
*Les provisions de bûches pour l'hiver n'ont pas besoin d'être dissimulées aux regards. Le bois brut confère un aspect différent à cette pièce majestueuse, évoquant quelque palais vénitien...*

# *Les parfums et les senteurs*

*Notre propre odeur nous est strictement personnelle, au même titre que nos empreintes digitales : nous pouvons nous inonder du même parfum que notre voisin, notre chimie corporelle le modifie d'une peau à l'autre.*

*Il en est de même pour les maisons. Il suffit d'ouvrir une maison longtemps inhabitée, à la campagne, en ville ou au bord de la mer, pour sentir aussitôt une odeur qui n'appartient qu'à elle, dont elle imprègne vêtements, meubles et objets d'une façon si durable que son souvenir met parfois des années à s'estomper.*

*Comme on sème des bouquets dans la maison, on peut l'habiller d'odeurs différentes, à composer selon les pièces et les saisons. Senteurs d'épices et de bois pour l'hiver, odeurs de fruits et de fleurs pour une chambre, odeurs de feuilles, d'aromates et d'agrumes pour l'été.*

## Les parfums d'ambiance

Si vous aimez l'odeur des fruits en automne, posez un coing à mûrir sur une étagère ou le haut d'une armoire. La pièce sera remplie d'un parfum ambré et fruité.

Les parfums d'ambiance à brûler sont faciles à utiliser et diffusent très vite dans la pièce le parfum de votre choix. Pour éviter qu'elle n'éclate, ne posez jamais l'anneau diffuseur ni le parfum directement sur une ampoule chaude.

Les bougies parfumées sont également très agréables. Si elles sont conditionnées dans des pots en verre, ne les posez pas encore chauds sur une surface froide : là aussi, le verre risque d'éclater. Recoupez régulièrement la mèche au fur et à mesure que la bougie fond et que son niveau baisse, et recentrez-la.

## Les oranges et les citrons odorants

En hiver, conservez le zeste des citrons et des oranges. Si votre cuisinière est équipée de plaques électriques, posez les zestes dessus à très basse température. Ils diffuseront un parfum agréable dans la cuisine.

*CI-DESSUS*
*Un « nouet » de senteurs enfermées dans un mouchoir brodé pour parfumer un tiroir ou une table de chevet.*

## Des parfums contre les indésirables

Certaines plantes sont utilisées depuis des générations pour éloigner les mouches et les moustiques.

Dans les Landes et en Provence, pour éloigner les moustiques, on met des pots de basilic ou de géranium rosat sur les fenêtres.

Nos grands-mères enduisaient le montant des vitres et des miroirs de jus d'oignon (!) pour que les mouches ne viennent pas s'y poser.

En Espagne, il est encore courant, l'été, de voir, dans les épiceries, des coupelles où sont posés des citrons coupés en deux et piqués de clous de girofle : ils sont censés éloigner les mouches.

Contre les moustiques, le remède traditionnel consiste à placer une soucoupe remplie d'essence de citronnelle dans une pièce. Son odeur très forte les fait fuir. Attention à ne pas la mettre directement sur la peau : cela brûle !

## Les pots-pourris

Nos voisins anglais ont porté au plus haut point l'art des pots-pourris où se mélangent toutes sortes de pétales, de feuilles, d'écorces, de racines et de fruits odorants.

---

### *Le pot-pourri vert*

50 G ENVIRON DE CHACUNE
DES PLANTES SUIVANTES :
VERVEINE, CITRONNELLE, ROMARIN,
MENTHE, MÉLISSE, SAUGE, PELARGONIUM
DES ÉCORCES DE CITRON VERT
ET DE CITRON JAUNE
2 BÂTONS DE CANNELLE
1 GOUSSE DE VANILLE
3 GOUTTES D'ESSENCE DE LAVANDE
3 GOUTTES D'ESSENCE DE BIGARADE
OU DE NÉROLI
1/2 CUILLERÉE À CAFÉ DE NOIX
DE MUSCADE RÂPÉE
1/2 CUILLERÉE À CAFÉ DE CLOUS DE GIROFLE

Mélangez tous les ingrédients dans un bol. Pour le décor, vous pouvez ajouter des pétales de fleurs aux couleurs assorties.

---

*CI-DESSUS*
*Un piège à guêpe efficace : il suffit de verser un peu d'eau sucrée au fond du globe et elles viennent s'y faire prendre.*

*PAGE DE DROITE*
*Un pot-pourri où se mêlent feuilles odorantes et pétales de fleurs, à changer au fil des saisons.*

# *Les fleurs et les bouquets*

*Les fleurs constituent la plus jolie façon de faire entrer la nature dans la maison, où elles apportent couleurs et parfums. Les jardiniers savent qu'il n'y a rien de cruel dans le fait de couper une rose, un dahlia ou une simple fleur de géranium. À la place de la fleur taillée s'épanouira, en effet, bientôt une nouvelle née, encore plus vigoureuse que la précédente...*

## Les fleurs fraîches

Ajoutez toujours un peu d'eau de Javel à l'eau de vos bouquets, pour éviter qu'elle ne se décompose et, si vous le pouvez, changez-la tous les jours.

Pour redonner de la vigueur à un bouquet un peu fatigué, enveloppez-le bien serré dans du papier journal et plongez-le dans un seau rempli d'eau chaude pendant quelques minutes. Remplissez alors le seau d'eau très froide et laissez-y le bouquet au moins une heure.

Il est inutile de cueillir des dahlias en boutons, car ils auront beaucoup de mal à s'épanouir, une fois coupés.

Les pavots et les coquelicots se conserveront plus longtemps si l'on prend la précaution de brûler l'extrémité des tiges à la flamme d'une bougie ou d'un briquet.

Les violettes faneront moins vite si l'on plonge les fleurs dans de l'eau fraîche. On peut aussi les vaporiser régulièrement.

Pour que les lis ne laissent pas de traces de pollen jaune et poudreux sur un meuble ou une nappe, il faut simplement couper les étamines avec de petits ciseaux.

## Les tulipes, les narcisses et les autres

Piquez les tiges des narcisses et des jonquilles avec une épingle, pour qu'ils absorbent l'eau plus facilement et restent plus longtemps en vie.

*PAGE DE GAUCHE*
*Les violettes une fois coupées n'absorbent plus d'eau, il faut donc les vaporiser avec de l'eau fraîche au moins une fois par jour, pour prolonger leur vie. On peut aussi les mettre au réfrigérateur pendant la nuit.*

*CI-DESSUS*
*Les roses de Noël ou hellébores tiennent longtemps dans un vase, à condition qu'il ne fasse pas trop chaud dans la pièce. La nuit, mettez-les dehors.*

Anémones, tulipes, jacinthes, narcisses ou roses de Noël n'apprécient pas la chaleur des appartements. À moins qu'il ne gèle, vous prolongerez leur vie en mettant les bouquets dehors pendant la nuit.

## Les fleurs à tige dure

Les fleurs à tige dure, comme les roses, les lilas, les chrysanthèmes, les prunus, les forsythias, doivent subir un traitement pour que les branches absorbent l'eau : il faut en écraser l'extrémité avec un marteau, ou bien les fendre en quatre avec un sécateur.

Pour faire entrer le printemps dans votre maison en hiver, il suffit de couper des branches de cerisier, de prunus, de forsythia ou de viburnum « boule de neige ». Placées dans un vase rempli d'eau, elles produiront d'abord des feuilles d'un vert tendre et pâle, puis des fleurs s'épanouiront dans la chaleur de la maison.

*CI-DESSOUS*
*Cueillies en hiver, les branches de boule de neige ou viburnum s'épanouiront dans la maison, en produisant de fragiles fleurs vert pâle.*

*PAGE DE DROITE*
*Les tiges des pavots doivent être brûlées afin de stopper l'écoulement de la sève et prolonger leur vie en vase. Les coquelicots sauvages subiront le même traitement.*

## Le séchage des fleurs et des feuilles

La façon la plus simple d'obtenir de jolis bouquets consiste à les faire sécher à l'abri du soleil et de l'humidité.

Pour accélérer le séchage, vous pouvez vous servir de votre four réglé à très basse température. Ce traitement réussit particulièrement bien aux roses.

Vous pouvez simplement accrocher vos fleurs nouées en bouquets à la carcasse d'un paravent ancien ou d'un sèche-serviettes. Elles deviennent ainsi un élément de décoration, aussi bien dans un salon que dans une chambre.

### *Une infusion de digitale pour les bouquets*

100 G DE FEUILLES
DE DIGITALE
FRAÎCHEMENT CUEILLIES

1 L D'EAU

1. Faites chauffer l'eau et jetez-y les feuilles dès qu'elle commence à bouillir. Laissez infuser quelques minutes.
2. Lorsque l'infusion est froide, mettez-la en bouteille et gardez-la au frais.
3. Mélangez cette infusion à l'eau de vos bouquets (2/3 d'eau pour 1/3 d'infusion), ils se conserveront plus longtemps.

~ Pour faire sécher les fleurs, utilisez cette ancienne méthode : procurez-vous du sable très fin, blanc et poudreux comme de la farine, et tapissez-en le fond d'une boîte suffisamment longue et profonde pour contenir fleurs et branches. Posez vos fleurs dessus et recouvrez-les d'une épaisse couche de sable. Refermez la boîte, placez-la à l'abri de l'humidité et attendez environ quinze jours. Quand les fleurs sont vraiment sèches, les pétales sont « craquants ».

~ Les tiges des fleurs séchées sont souvent fragiles. Vous pouvez les remplacer par du fil de fer de fleuriste.

*Ci-dessous*
*La carcasse en bois d'un paravent ancien constitue un support à la fois pratique et décoratif, pour faire sécher ces bouquets de l'été.*

*Page de droite*
*Le gel de silice, semblable à des cristaux, permet de faire sécher toutes sortes de fleurs en leur conservant intactes leur forme et leurs couleurs.*

## *Le séchage des feuilles*

2 PARTS D'EAU

1 PART DE GLYCÉRINE (EN PHARMACIE)

1. Faites bouillir l'eau et versez-y la glycérine. Laissez refroidir.
2. Plongez-y les feuilles.
3. Laissez sécher. Le séchage prend un temps variable. Les feuilles sont prêtes lorsqu'elles semblent cireuses.

Cette méthode assombrit les couleurs des végétaux. Les plus beaux feuillages à sécher sont ceux des chênes ou des érables, aux somptueuses teintes dorées ou rouges. Mais on peut aussi faire sécher de cette façon des branches de hêtre, de magnolia ou de buis.

SAVON
DE
MARSEILLE
600
GRAMMES

# *Les meubles, les planchers et les parquets*

*L'odeur du bois ciré et les meubles si brillants qu'ils semblent refléter les pièces symbolisent l'ordre et la perfection de ces maisons telles qu'on les admire dans les tableaux des maîtres flamands. Pour faire briller meubles et parquets, rien ne vaut les recettes d'antan, à base de cire d'abeille au parfum de miel.*

*Mais on peut également apprécier l'aspect lisse et naturel du bois nu, simplement lavé, qui prend au fil des mois et des années une douce teinte de cendre pâle, évoquant les ponts de navires lavés chaque jour à grande eau.*

## Les meubles en bois

Quand un meuble ou un tiroir ferment mal, frottez les parois avec du savon de Marseille sec.

Pour éviter que l'eau ne tache le bois ciré, frottez aussitôt avec un bouchon de liège, toujours dans le sens des fibres.

Vous protégerez vos meubles des attaques des insectes et leur donnerez un parfum agréable en les enduisant régulièrement d'essence de lavande, fortement insecticide.

Fabriquez-vous un chiffon à poussière en trempant un morceau de coton fin dans un mélange composé d'une moitié d'eau et d'une moitié de glycérine. Celle-ci attire la poussière et fait briller le bois.

## Un plancher de bateau

Un parquet brut, non ciré, non vitrifié offre un plaisir simple à la portée de tous.

Au fil des lavages, le bois prend peu à peu une teinte grise, couleur de cendre pâle, et devient tout doux et lisse. Cela est dû à l'eau de Javel que l'on ajoute au savon. Bien sûr, elle « parfume » la maison pendant une heure ou deux, mais on n'est pas obligé de forcer la dose.

Les amoureux du bois objecteront que ce traitement doit plutôt s'appliquer à des planchers sans valeur, en pin ou en sapin, et le déconseillent pour des parquets en vieux chêne ou tout autres essences aussi précieuses. Mais on peut avoir la nostalgie des ponts de bateau lavés à grande eau, avec un faubert trempé vigoureusement dans un seau, et apprécier le contact du bois qui sent le propre, sur lequel grands et petits peuvent marcher pieds nus car,

---

### *Une cire pour les meubles*

180 G DE CIRE JAUNE

180 G D'ESSENCE DE TÉRÉBENTHINE

50 G DE SAVON BLANC

1. Râpez la cire et le savon en copeaux.
2. Versez-les dans l'essence de térébenthine et mélangez avec une spatule.
3. Quand ils sont dissous, versez la préparation dans un bocal ou une bouteille de verre soigneusement étiquetés.

---

bizarrement, plus le bois est lavé, plus il se polit et perd ses échardes...

Il est possible de décaper et de blanchir un plancher sans recourir au lavage quotidien ou bihebdomadaire à l'eau de Javel. Si le bois a été ciré, il faut le décaper ou le poncer.

## Le bois ciré

Si l'on préfère l'odeur du bois ciré qui embaume la maison, les sols brillants qui évoquent la perfection des tableaux flamands, il reste la solution des parquets passés régulièrement à l'encaustique. Les pressées se contenteront des produits tout faits, tandis que les amoureuses de la tradition reviendront aux recettes d'antan, à base de cire d'abeille à l'odeur incomparable.

Évitez les cires en aérosol mélangées à des silicones volatiles : elles ne valent rien pour le bois qu'elles font briller à l'extérieur et dessèchent en profondeur.

## *L'encaustique pour les parquets*

250 G D'ESSENCE DE TÉRÉBENTHINE

250 G DE CIRE D'ABEILLE

1. Râpez la cire en petits copeaux.
2. Faites dissoudre ces copeaux dans l'essence de térébenthine. Cette dissolution à froid est assez longue, mais elle est beaucoup moins dangereuse que la dissolution à chaud au bain-marie.
3. Remuez fréquemment le mélange. Si le liquide obtenu n'est pas assez homogène, trempez le récipient fermé dans un saladier rempli d'eau très chaude.

## *Pâte pour les cadres en bois doré*

Pour nettoyer des cadres en bois doré sans grande valeur, utilisez cette recette ancienne.

1 BLANC D'ŒUF BATTU EN NEIGE

1 CUILLERÉE À SOUPE D'EAU DE JAVEL

1. Mélangez et passez délicatement la pâte au pinceau.
2. Laissez agir quelques secondes.
3. Rincez avec une éponge humide et polissez ensuite avec un linge fin.

## *L'encaustique au savon*

Autrefois, les maîtresses de maison se servaient également d'une encaustique à base d'eau savonneuse et de cire, qui avait l'avantage de ne pas encrasser le bois.

1 L D'EAU CHAUDE

130 G DE CIRE D'ABEILLE

1 GROSSE CUILLERÉE À SOUPE DE SAVON NOIR OU DE SAVON DE MARSEILLE

3 CUILLERÉES À SOUPE DE CRISTAUX DE SOUDE

1. Râpez la cire et le savon en copeaux.
2. Mélangez bien tous les éléments.
3. Versez dans un récipient fermant hermétiquement, soigneusement étiqueté.

Cette cire s'étale au pinceau, encore chaude ou un peu réchauffée. Il faut laisser sécher le bois quelques heures et faire ensuite briller au chiffon.

# Une vaisselle brillante

*La fierté des maîtresses de maison d'antan résidait dans leurs placards, où s'alignaient en piles impeccables les plats, les soupières, les assiettes plates et creuses, et les verres au brillant incomparable.*

*Au début du siècle, la comtesse de Gence, dans son* Encyclopédie de la vie pratique, *indiquait aux jeunes mariées ce que devait comporter un service pratique et complet. Selon elle, il fallait au minimum « une douzaine d'assiettes creuses, deux douzaines d'assiettes plates, une douzaine d'assiettes à dessert, une soupière, un saladier, deux plats ronds plats, un plat rond creux, un plat ovale, une saucière avec plateau, deux raviers, un saladier, un légumier, un compotier, deux assiettes à pied ». Abondance qui s'expliquait par les règles strictes qui régissaient le service de la table.*

*Sans parler, bien sûr, de la cristallerie, qui ne comportait pas moins d'une centaine de verres de tailles et d'usages différents, pour servir l'eau, le bourgogne, le bordeaux, le madère, le vin du Rhin, le champagne ou l'orangeade... Les gobelets étaient réservés à la limonade ou à la bière, les petits verres aux liqueurs, et il fallait en plus six à huit carafes !*

*La ménagère à couverts était moins fournie, mais elle renfermait parfois plus de soixante pièces en argent ou en métal argenté, moins coûteux.*

### Les couteaux

Avant que l'on invente l'acier inoxydable, la lame des couteaux rouillait souvent, surtout s'ils étaient en contact avec un élément acide comme le vinaigre ou le citron. C'est pour cette raison qu'il ne fallait pas utiliser de couteau pour manger la salade. Cette coutume est d'ailleurs toujours en vigueur dans les règles du savoir-vivre.

Pour polir les lames, on les frottait avec un bouchon trempé dans de la crème à polir. Pour les dérouiller, on les enfonçait tout simplement dans de la terre !

Frottez la lame des couteaux sur une pomme de terre coupée en deux, imprégnée de poudre de Tripoli mêlée à du bicarbonate de soude. Laissez sécher et frottez ensuite avec un linge fin.

Si vous avez coupé du poisson, de l'ail ou de l'oignon, l'odeur disparaîtra aussitôt après avoir enfoncé les lames des couteaux dans de la cendre chaude.

### Les couverts

En France, lorsque les couverts étaient chiffrés, ils portaient les initiales de leur propriétaire du côté pile. En Angleterre, c'était exactement l'inverse. C'est ce qui explique pourquoi nous posons toujours nos fourchettes les dents posées sur la nappe, tandis que nos voisins d'outre-Manche font le contraire.

Généralement anciens, les couverts à manche de corne ne doivent jamais aller au lave-vaisselle. Nettoyez-les à l'eau tiède, car la corne éclate au contact de l'eau chaude. De temps à autre, frottez-les avec un chiffon humecté d'huile d'olive pour les faire briller. Ce conseil est également valable pour les couteaux à manche de nacre ou de bois d'ébène.

La

## Le lavage des verres précieux

Retour à la tradition pour les verres anciens en cristal, que le lave-vaisselle risque de blanchir à tout jamais. Il vaut mieux les laver à la main.

Pour éviter d'ébrécher ou de fêler un verre, mais aussi la vaisselle de porcelaine ou de faïence, nos aïeules posaient un linge ou un torchon dans la bassine d'eau.

Vous pouvez couper des feuilles de papier journal en petits morceaux. C'est en effet le pétrole utilisé pour la fabrication de l'encre d'imprimerie qui donne au papier journal ses vertus nettoyantes... Introduisez-les dans le récipient à nettoyer et remplissez d'eau. Agitez en tous sens. Rincez à l'eau très chaude.

Si le verre est vraiment encrassé, utilisez du sable mélangé à de l'eau et agitez vigoureusement, de façon à ôter toutes les saletés.

Si une bouteille a contenu de l'huile ou tout autre liquide gras, remplissez-la de marc de café encore chaud dilué dans de l'eau. Il nettoie et désodorise en même temps. C'est également un bon moyen de nettoyer un flacon à parfum.

## Pour coller facilement une étiquette sur du verre

Si vous voulez coller une étiquette sur une bouteille, un bocal, un pot ou un flacon sans vous servir de colle, il existe un moyen tout simple : trempez l'étiquette dans une soucoupe contenant du lait et appliquez-la aussitôt sur le verre. Faites adhérer avec une éponge humide ou un linge fin pour chasser les bulles d'air

*CI-CONTRE*
*Pour coller une étiquette sur une bouteille, pas besoin de colle. Il suffit d'enduire largement le papier de lait et d'appliquer aussitôt sur le verre avec un chiffon ou une éponge humides.*

*PAGE DE DROITE*
*Un torchon placé au fond d'une bassine permet de laver les verres les plus fins et les plus fragiles sans risquer de les rayer ou de les ébrécher.*

## *Redonner leur brillant aux verres, aux bouteilles et aux carafes*

6 COQUILLES D'ŒUF

LE JUS DE 2 CITRONS

OU 1/2 VERRE DE VINAIGRE

1. Brisez les coquilles d'œuf en menus morceaux et introduisez-les à l'intérieur des récipients en verre à nettoyer.
2. Versez le jus de citron ou le vinaigre et agitez.
3. Laissez reposer toute une nuit, le temps que les coquilles se dissolvent. S'il le faut, employez un goupillon pour nettoyer les parties les plus encrassées.
4. Rincez à l'eau très chaude.

sous le papier et ôter les traces de lait. Il vous suffira ensuite d'y inscrire le contenu du récipient.

## La batterie de cuisine

En Provence, où l'on cuisinait beaucoup avec des plats et des ustensiles en terre cuite, les cuisinières avaient l'habitude de frotter le « cul » des poêlons, des daubières, des caquelons et des plats allant sur le feu ou au four avec une gousse d'ail trempée dans de l'huile d'olive. Ainsi traitée, la terre cuite résistait parfaitement à la chaleur.

En Alsace, pour que les pots en terre puissent contenir du liquide sans risque de fuite, on remplissait le récipient de lait bouillant et on laissait reposer toute la nuit. Le lendemain, il suffisait de rincer et le pot était devenu parfaitement étanche.

La prêle (*Equisetum arvense*) est une plante qui affectionne les lieux humides. La tige principale un peu noueuse porte des tiges minces et grêles. Sa particularité est de contenir de la silice, comme le sable. C'est pourquoi on l'utilisait autrefois à la campagne pour récurer les métaux et les casseroles.

~ Pour fabriquer un tampon végétal à l'ancienne, procurez-vous une poignée de tiges de prêle des marais. Tressez les tiges de façon à obtenir un carré, dont vous vous servirez pour récurer les casseroles et les ustensiles en métal.

~ Si vous n'en trouvez pas dans les bois, commandez à votre fleuriste des bouquets de « faux bambou ». Il s'agit d'une prêle japonaise tout aussi efficace que la nôtre, pour cet usage un peu étonnant !

PAGE DE GAUCHE
*Des tiges de prêle de fleuriste (faux bambou) cassées en petits morceaux et utilisées en guise de tampon décrasseront le fond de casserole le plus sale.*

CI-CONTRE
*La méthode provençale pour « endurcir » le fond des plats en terre cuite destinés à aller sur le feu ou au four consiste à les frotter avec de l'ail cru puis de l'huile d'olive.*

~ Mais vous emploierez plutôt la prêle des marais pour polir le métal, tandis que la prêle des fleuristes, plus épaisse, convient mieux pour le récurage des métaux très encrassés par la flamme ou la graisse.

## Le rangement de la vaisselle

~ Si vous possédez des pièces de vaisselle ancienne (assiettes, tasses, plats en porcelaine ou en céramique émaillée), auxquelles vous tenez, pensez au papier de soie pour les ranger. Une simple feuille de papier de soie entre chaque pièce évitera qu'elles ne s'abîment au contact les unes des autres.

~ Si vous cassez une ou plusieurs assiettes, ne vous désolez pas devant votre vaisselle dépareillée et amusez-vous à rechercher des assiettes dans les mêmes couleurs et les mêmes formes, ou bien jouez au contraire sur des couleurs opposées ou en camaïeu, en alternant les assiettes sur votre table.

# *Tout beaux, tout propres*

*Immobiles et muets, les objets qui nous entourent méritent notre attention. Des plus humbles aux plus précieux, ils prennent couleur et brillant sous nos mains, grâce à des recettes qui passent souvent de mère en fille. On apprend ainsi à recourir aux vertus traditionnelles du blanc de Meudon ou d'Espagne, sur lequel flotte un mystère non élucidé. Pourquoi ce produit destiné autrefois à l'entretien courant du métal et du verre a-t-il mérité cette double appellation ? Cela demeure sans réponse pour les femmes de la fin du XX^e siècle...*

## L'éclat du métal

En hiver, lorsque vous faites du feu dans la cheminée, récupérez la cendre et mélangez-la à un peu d'huile. Cette pâte est excellente pour nettoyer en douceur les casseroles en aluminium ou en inox, ainsi que les objets en étain ou en fer.

## Les objets en bronze

Le bronze peut se nettoyer tout simplement à l'eau savonneuse. Si l'objet est à l'extérieur, vous pouvez le protéger avec une couche d'encaustique, qui le fera briller.

Les bronzes dorés se nettoient avec le mélange utilisé pour l'argenterie : du blanc d'Espagne délayé dans de l'alcool ménager et de l'eau.

## L'argent

L'argenterie ternie retrouvera son éclat si vous plongez les objets dans une casserole d'eau dans laquelle vous aurez fait chauffer du papier d'aluminium.

L'eau de cuisson des pommes de terre épluchées est excellente pour redonner du brillant à l'argent. On peut aussi frotter l'objet directement avec de la pulpe de pomme de terre cuite.

*PAGE DE GAUCHE*
*Du sel, de la farine et du jus de citron (ou du vinaigre blanc) suffisent pour décaper les cuivres les plus sales.*

*CI-DESSUS*
*Un heurtoir en bronze sur une porte conservera son brillant et sa patine avec une fine couche de cire et un polissage régulier au chiffon.*

*CI-DESSUS*
*Les feuilles d'oseille nettoient très bien l'étain.*

*PAGE DE DROITE*
*Lames de couteau et couverts en argent retrouvent leur brillant avec une pâte traditionnelle au blanc de Meudon.*

## Le cuivre

~ Un jus de citron passé au pinceau suffit souvent à nettoyer le cuivre sale et à le faire briller.

~ Les feuilles d'oseille fraîche, ainsi que le vert des poireaux, font briller le cuivre et l'étain.

~ Pour rendre le cuivre nettoyé encore plus brillant, exposez-le quelques heures au soleil.

~ Le brillant sera plus durable si vous achevez le polissage avec des feuilles de papier journal roulées en boule.

## Les miroirs et les vitres

~ Du papier journal mouillé et roulé en boule nettoie parfaitement les vitres.

## *La pâte à argenterie*

Cette recette traditionnelle était employée autrefois pour nettoyer tous les objets en argent ou en métal argenté.

2 CUILLERÉES À SOUPE D'ALCOOL MÉNAGER
1 CUILLERÉE À SOUPE DE BLANC D'ESPAGNE (ÉGALEMENT APPELÉ BLANC DE MEUDON)

1. Trempez un linge fin, qui ne risque pas de rayer le métal, dans le mélange de blanc d'Espagne et d'alcool ménager. S'il s'agit d'objets ciselés, utilisez une petite brosse souple.
2. Laissez sécher et frottez pour faire briller avec un linge propre ou une peau de chamois. S'il reste du blanc dans les ciselures, faites-le disparaître en le frottant avec de l'alcool pur ou du jus de citron.

## *La pâte à cuivre*

LE JUS DE 1 CITRON
2 CUILLERÉES À SOUPE DE FARINE
1 CUILLERÉE À SOUPE DE SEL FIN

1. Préparez une pâte avec tous les ingrédients.
2. Appliquez-la au pinceau ou au chiffon doux sur le cuivre à nettoyer.
3. Laissez agir quelques minutes.
4. Rincez à l'eau claire et faites briller ensuite avec votre produit habituel pour le cuivre.

~ Ajoutez une cuillerée à café d'ammoniaque à un litre d'eau et mouillez un chiffon fin avec ce mélange. Passez rapidement sur les vitres et les miroirs, qui retrouveront tout leur éclat.

~ On ne doit jamais faire les carreaux en plein soleil : le produit de nettoyage sèche en laissant des traces blanches.

~ L'alcool à brûler remplace avantageusement les produits vendus dans le commerce.

~ Pour faire briller les miroirs et les vitres, les vitriers professionnels utilisaient autrefois un mélange d'eau, de blanc d'Espagne et d'alcool à brûler en quantité égale.

~ Pour empêcher la buée de se déposer sur le miroir d'une cuisine ou d'une salle de bain, frottez le verre avec un linge fin légèrement humecté de glycérine. Faites briller ensuite avec un chiffon propre.

~ Du savon de Marseille sec frotté sur une vitre rendra le même service que la glycérine.

## Les paniers et les objets en paille ou en osier

~ Pour les dépoussiérer et les décrasser, n'hésitez pas à les passer au jet d'eau (dans la baignoire ou le jardin) une ou deux fois par an, puis laissez-les sécher à l'air.

~ Une natte en paille résistera plus longtemps à l'usage si vous la lavez à l'eau chaude additionnée de sel. Pour la protéger ensuite de la saleté, passez dessus une mince couche d'encaustique et faites briller au chiffon doux.

~ Les chaises cannées se détendent souvent. Pour leur redonner leur forme, il faut mouiller largement l'envers du cannage avec de l'eau bouillante et faire sécher le plus rapidement possible au soleil ou à proximité d'une source de chaleur.

## Les tapis

Les méthodes utilisées autrefois pour redonner de l'éclat aux tapis étaient parfois assez étonnantes. Après avoir dépoussiéré le tapis, on y déposait des feuilles de thé ou du marc de café humide pour raviver les couleurs. Un chou coupé en deux était passé sur toute la surface du tapis et recoupé au fur et à mesure que les feuilles absorbaient la saleté.

~ Pour raviver les couleurs des tapis, ajoutez deux cuillerées à soupe d'ammoniaque à un litre d'eau et frottez doucement toute la surface du tapis avec une éponge imbibée de ce liquide. Ensuite, essuyez le tapis avec un linge sec.

~ En hiver, lorsqu'il neige, on peut recouvrir le tapis d'une fine couche et brosser aussitôt, ou bien le frotter directement avec une boule de neige compacte.

*CI-DESSUS*
*Lavage à grande eau et séchage en plein air pour les objets en paille et en osier.*

*PAGE DE DROITE*
*Le grand miroir retrouve son brillant après avoir été enduit d'une pâte à base de blanc de Meudon...*

# L'ARMOIRE *à linge*

Nul sans doute mieux qu'Henri Bergson, dans *La Poétique de l'espace,* n'a évoqué l'univers clos d'une armoire et la place qu'elle tient dans la maison. Le philosophe cite Milosz : « L'armoire est toute pleine du tumulte muet des souvenirs. »

« Est-il un seul rêveur de mots qui ne résonnera au mot armoire... Tout poète des meubles [...] sait d'instinct que l'espace intérieur à la vieille armoire est profond. L'espace intérieur à l'armoire est un espace d'intimité, un espace qui ne s'ouvre pas à tout venant... Dans une armoire, seul un pauvre d'âme pourrait mettre n'importe quoi. [...] Dans l'armoire vit un centre d'ordre qui protège toute la maison contre un désordre sans borne. Là règne l'ordre ou plutôt l'ordre est un règne. L'ordre s'y souvient de l'histoire de la famille. »

A-t-on encore le temps, aujourd'hui, de consacrer de longues heures à laver, repasser, plier et ranger ce linge qui faisait l'orgueil de nos aïeules ? L'intérieur des armoires fleurant bon la cire était tendu de papier contre la poussière, et les piles de linge nouées de rubans. Dès que l'on ouvrait les portes, il s'en échappait un parfum de lavande, cueillie durant l'été et enfermée dans des petits sachets glissés entre les piles de linge.

# *Laver, sécher, repasser*

*Activité essentielle de la vie quotidienne, le nettoyage du linge était autrefois entouré de croyances et de superstitions. Souvent, il ne fallait pas faire la lessive à l'intérieur d'une maison habitée par un malade ou par une femme enceinte, sous peine de voir le malheur fondre sur ses habitants. Certains jours, certaines époques de l'année étaient frappés d'interdits : la période de l'Avent, les jours situés entre Noël et le jour de l'An, la semaine sainte, le mois des morts (novembre), l'Assomption ou le jour de la Purification de la Vierge, sans oublier le vendredi, jour de la mort du Christ, ni la période des règles, traditionnellement impure... Outrepasser ces interdits portait malheur.*

## Un linge plus blanc

Au lavage, ajoutez des zestes de citron enfermés dans un nouet à vos sous-vêtements blancs pour leur donner plus d'éclat.

Un verre d'eau oxygénée à 30 volumes ajouté au rinçage blanchit le linge blanc et lui donne de l'éclat.

Le vinaigre peut être utile pour neutraliser une lessive qui mousse trop : il suffit d'en ajouter quelques cuillerées ou un verre à moutarde, selon la quantité d'eau utilisée, pour stopper les débordements intempestifs...

## Le linge délicat

Pour laver les soieries, les lainages et les textiles délicats de teinte sombre, servez-vous de feuilles de lierre, de bois de Panama ou de bière, comme le faisaient nos aïeules.

Nos aïeules employaient parfois l'eau de cuisson des haricots secs pour laver les cotonnades légères et les mousselines de soie ou de coton.

Autrefois, on se servait de bière brune pour nettoyer les belles dentelles noires, comme la chantilly.

Vous pouvez aussi préparer une décoction de racines de saponaire, une petite fleur sauvage qui pousse sur les talus et dans les champs incultes. Les fleurs à

---

### *Une lessive pour linge très sale*

Autrefois, quand le linge était vraiment sale, on le faisait tremper dans une solution à base de cristaux de soude. Ce traitement sera réservé aux textiles solides et garantis grand teint.

1 VERRE À MOUTARDE DE SAVON DE MARSEILLE EN COPEAUX
1 VERRE À MOUTARDE DE CRISTAUX DE SOUDE
2 CUILLERÉES À CAFÉ D'HUILE ESSENTIELLE DE LAVANDE OU DE ROMARIN

1. Ajoutez tous ces éléments à de l'eau très chaude et mélangez.
2. Mettez-y le linge à tremper pendant une nuit.
3. Rincez abondamment à l'eau claire.

---

cinq pétales sont rose pâle. Autrefois, les lavandières et les drapiers l'utilisaient couramment, car les feuilles et surtout les racines, riches en saponine, font mousser l'eau et la rendent détergente pour tous les textiles fragiles dont se servent aujourd'hui encore les spécialistes en tissus anciens du Victoria and Albert Museum, à Londres... Si vous ne trouvez pas de saponaire près de chez vous, procurez-vous des racines broyées chez un herboriste.

Autre produit dont on a oublié l'usage pour le tissu : le son. Il faut une poignée de paillettes de son pour un litre d'eau. Cette eau de son était employée pour le lavage des textiles colorés et délicats.

*CI-DESSUS*
*La chemise noire en lin a été lavée à l'ancienne dans une décoction de feuilles de lierre. Elle achève de sécher à l'ombre.*

*PAGE DE DROITE*
*Évocation de l'iris dont nos aïeules utilisaient les rhizomes pour donner au linge blanchi un léger parfum de violette.*

## *Le bain de lierre*

L'eau de lierre était employée autrefois pour nettoyer tous les tissus délicats comme la soie, la laine ou le lin, de couleur noire ou foncée.

100 G DE FEUILLES DE LIERRE
1 L D'EAU

1. Préparez une décoction de feuilles de lierre en les laissant bouillir quelques minutes dans l'eau.
2. Mouillez le vêtement avant de le tremper dans cette décoction.
3. Laissez tiédir puis frottez doucement avant de rincez à l'eau pure.

## *L'eau de saponaire à l'ancienne*

100 G DE RACINES DE SAPONAIRE
EN MORCEAUX
1,5 L D'EAU

1. Faites tremper la saponaire dans l'eau pendant toute une nuit.
2. Le lendemain, faites bouillir cette eau à petit feu, pendant 1/4 d'heure.
3. Filtrez ce liquide et réservez.
4. Versez 1/2 litre d'eau sur la saponaire utilisée et faites à nouveau bouillir 5 minutes.
5. Filtrez, puis mélangez les deux liquides.

Il suffit d'agiter l'eau pour la faire mousser. Vous pouvez remplacer la saponaire par la même quantité de bois de Panama coupé en petits morceaux.

## Les taches difficiles

Frottez la tache avec du savon de Marseille à peine humide. Laissez agir toute une nuit et lavez ensuite comme à l'accoutumée.

Autrefois, pour enlever une tache d'encre ou de fruit sur du linge blanc, on employait du sel d'oseille ou acide oxalique. Mais ce traitement de choc doit être utilisé prudemment : mouillez la partie tachée, puis saupoudrez-la légèrement d'acide et laissez agir quelques secondes. S'il reste trop longtemps en contact avec le tissu, ce produit risque de le trouer ! Rincez abondamment.

Les taches de rouille ou de sang disparaissent ou sont atténuées si vous les imbibez largement du jus des tiges de rhubarbe ou des feuilles d'oseille (il suffit de les passer au mixer). Lavez ensuite normalement.

Vous pouvez aussi enlever une tache de sang en la mouillant avec de l'eau oxygénée à 10 volumes ou du jus de citron pur. Lavez ensuite normalement.

Lorsque du linge ancien présente des marques ou des taches rousses, trempez-le dans du lait cru frais (nos aïeules utilisaient du petit lait ou lait « ribot ») et exposez-le au soleil avant de le laver comme à l'ordinaire.

Lorsqu'une nappe est tachée de vin rouge, on préconise souvent de la saupoudrer de sel fin. Même s'il en absorbe une grande partie, ce traitement ne suffit pas à faire disparaître la tache. Essayez plutôt de mouiller celle-ci avec du vin blanc, de l'alcool blanc (vodka ou eau-de-vie) ou tout simplement de l'alcool ménager. Lessivez immédiatement.

*PAGE DE GAUCHE*
*Le jus extrait des tiges de rhubarbe (ou d'oseille) renferme une substance capable d'effacer les taches de rouille ou de sang sur le linge.*

## De la farine en guise de nettoyage à sec

Pour nettoyer des tissus fragiles de teinte claire que vous ne voulez pas laver dans l'eau, en particulier les lainages, vous pouvez vous servir de farine ou d'amidon de maïs.

Placez le vêtement dans une bassine, recouvrez-le de farine et frottez doucement pour bien faire pénétrer. Laissez ainsi pendant toute une nuit, puis brossez et battez le vêtement, en vous aidant d'un fin bambou ou d'une tapette à tapis.

## Un linge parfumé

Des rhizomes d'iris de Florence ajoutés à l'eau de lavage du linge blanc qui doit bouillir lui donnent un merveilleux et très discret parfum de violette. On peut trouver ces rhizomes rares chez certains herboristes.

On peut remplacer les adoucissants aux parfums souvent agressifs par la même dose de vinaigre d'alcool. Ajoutées au vinaigre, quelques gouttes d'huile essentielle de votre choix ou de vinaigre odorant utilisé pour la toilette donneront à votre linge un délicieux parfum.

Ajoutez à l'eau de rinçage quelques gouttes de votre parfum préféré ou d'une huile essentielle (lavande, verveine, romarin...). Mettez en également dans l'eau distillée du fer à vapeur (une goutte suffit). Vous pouvez aussi y verser une cuillerée à café d'eau de rose, d'eau de fleur d'oranger, d'eau de lavande, de sauge ou de basilic.

## Le séchage du linge

À la campagne, le linge était mis à sécher à plat sur l'herbe et blanchi sur pré pendant trois jours. On attribuait à l'action conjuguée du soleil, de la lune et de la rosée du matin la propriété de donner au linge une blancheur sans pareille. En outre, on sait aujourd'hui que le soleil possède des vertus désinfectantes.

En Hollande, à défaut de soleil, on utilisa très tôt le bleu tiré de l'indigo ou du pastel pour donner au linge une teinte azurée très recherchée.

Cette habitude s'est répandue partout en Europe : la boule de bleu figurait encore, il n'y a pas si longtemps, parmi les accessoires indispensables d'une bonne maîtresse de maison. Elle était enfermée dans un petit sac de toile et pressée à la main dans une bassine d'eau. Lorsque celle-ci avait atteint la nuance désirée, on y trempait le linge propre, que l'on mettait ensuite à sécher.

En hiver, lorsqu'il fait très froid, pour éviter que le linge étendu dehors ne devienne tout raide en gelant, ajoutez une poignée de gros sel à la dernière eau de rinçage.

Retournez toujours vos vêtements de couleur sur l'envers avant de les faire sécher dehors. Cela évitera que le soleil ne les décolore. Les couleurs délicates doivent sécher à l'ombre.

Les serviettes-éponges frottées doucement entre les mains retrouvent la douceur perdue au lavage.

## Le repassage

Pour humidifier le linge avant le repassage, vaporisez de l'eau dessus et roulez-le en boule pour que l'humidité se répartisse partout.

Si la semelle du fer est encrassée, frottez-la avec un demi-citron saupoudré de sel fin.

Pour que le fer glisse mieux, faites-le chauffer doucement et passez de la bougie sur la semelle. Essuyez avec un linge propre.

Pour repasser un linge ou un vêtement brodé sans que les reliefs de la broderie ne le marquent, il faut tout simplement poser une serviette-éponge dessous.

Vous obtiendrez un pli impeccable sur vos pantalons en glissant une feuille de kraft à l'intérieur du tissu. Autre astuce très ancienne : frotter le revers du tissu avec un morceau de savon sec.

Pour qu'un tissu un peu ancien perde son lustre, vaporisez-le d'eau vinaigrée et repassez ensuite avec une pattemouille, humidifiée elle aussi à l'eau vinaigrée.

Si vous avez laissé le fer chaud trop longtemps à la même place et s'il a laissé une trace sur le linge, essayez de l'ôter aussitôt avec le mélange suivant : une quantité égale de vinaigre d'alcool, sel fin et savon en copeaux. Mélangez ces ingrédients et appliquez la pâte sur le tissu. Laissez agir quelques minutes et rincez à l'eau tiède.

---

## *L'apprêt à l'ancienne*

L'eau de riz était un amidon naturel couramment employé par nos aïeules, pour empeser le linge délicat ou le col des chemises.

100 g d'amidon
30 g de gomme arabique
(en pharmacie)
1 l d'eau

1. Diluez l'amidon dans l'eau très chaude.
2. Ajoutez la gomme arabique et mélangez bien.
3. Trempez le linge à amidonner dans ce mélange.

Autrefois, pour que le linge amidonné ne colle pas au fer, les blanchisseuses ajoutaient à l'amidon une pincée de sel.

---

*Page de droite*
*Le linge sentira délicieusement bon si vous remplacez l'eau distillée par de l'eau de lavande, de fleur d'oranger ou de rose.*

# *Les teintures traditionnelles*

*Si vous vous sentez une âme de coloriste, il faudra recourir aux végétaux connus depuis des siècles pour leurs vertus tinctoriales : la garance donne tous les tons de rouge, l'indigo et le pastel les tons de bleu, la noix de galle teint en noir, la gaude, le curcuma ou le safran en jaune (le safran était encore couramment cultivé dans la région de Pithiviers, aux environs de Paris, jusqu'au début du siècle). On en relance aujourd'hui la culture et l'on peut se les procurer chez certains herboristes ou dans les magasins spécialisés.*

## Raviver et redonner des couleurs

Pour redonner vie à du linge blanc un peu jauni, il suffit de le teindre avec des colorants naturels comme le thé, le tilleul ou même la chicorée, utilisés en décoction. Vous lui donnerez ainsi des reflets plus ou moins prononcés.

On connaît moins, en revanche, les vertus du henné ou celles des pelures d'oignon qui, employées en grande quantité (il en faut au moins 100 grammes pour 1 litre d'eau), donnent de belles teintes rousses.

À moins que l'on ne préfère le jus de betterave ou de myrtille, qui donne de subtils coloris roses ou mauve-bleuté.

Les tissus destinés à être teints doivent d'abord être soigneusement lavés et introduits mouillés dans le bain de teinture.

Le jus de citron ravive les couleurs rouges (un verre de jus de citron pour une cuvette d'eau).

L'ammoniaque ravive les teintes contenant du bleu (3 cuillerées à soupe pour 1 litre d'eau).

*PAGE DE GAUCHE*
*Boules de bleu à base de poudre d'indigo, dont nos grands-mères se servaient pour blanchir et azurer leur linge.*

## *La teinture maison*

100 G DE PLANTES OU DE RACINES
POUR 1 L D'EAU
1 À 2 CUILLERÉES DE VINAIGRE
OU DE JUS DE CITRON

1. Enfermez la teinture végétale dans un sachet de mousseline ou de toile. Plongez-le, avec le textile destiné à être coloré, dans de l'eau que vous faites chauffer doucement.
2. Remuez le tissu dans le liquide tout le temps de la teinture, afin qu'il soit bien imprégné.
3. Pour obtenir une teinte plus intense, laissez le tissu tremper toute la nuit avant de le rincer.
4. Dans tous les cas, il faut ajouter 1 ou 2 cuillerées de vinaigre ou de jus de citron à l'eau du dernier rinçage pour fixer la couleur.

N'employez pas de récipients en aluminium ou en cuivre, qui peuvent altérer la coloration. Préférez le métal émaillé ou l'inox. Servez-vous d'une vieille lessiveuse dans laquelle vous pourrez faire chauffer une grande quantité d'eau.

# *Les vêtements et les accessoires*

*Dieu, que les noms des étoffes et des vêtements dont se paraient nos grands-mères sonnaient joliment aux oreilles ! On aimerait encore aujourd'hui se lover dans un saut du lit en zénana (fin tissu cloqué réservé aux vêtements légers), se tailler une chemisette dans du nansouk soyeux ou une batiste de coton, ou bien flâner en matinée (corsage mi-long, non ajusté), assorti d'un jupon de basin (étoffe de coton et de fil blancs), tout en cousant des boutons en corozo (substance extraite de graines de palmier) sur une veste en coutil. Le soir venu, une écharpe en soie floche réchaufferait notre gorge, simplement voilée de gaze...*

## Ranger des vêtements fragiles

N'hésitez pas à les plier soigneusement entre des feuilles de papier de soie blanc et à les enfermer dans des cartons.

Les foulards et les écharpes en soie ou en cachemire, dont les fils sont fragiles, seront rangés dans une boîte plate ou une jolie pochette réservée à cet usage.

Pour ne pas marquer une jupe ou un pantalon d'un faux pli lorsqu'ils sont suspendus à un cintre, il faut tapisser celui-ci de coton rembourré ou, plus simplement, enfiler sur le cintre un cylindre de carton coupé à ses dimensions.

## Ranger à l'abri des insectes

Avant que la naphtaline ne fasse des ravages malodorants dans les penderies, nos grands-mères avaient leurs recettes pour éloigner les mites de leurs placards. Si la lavande était la grande favorite, elles utilisaient également un mélange de pyrèthre (sorte de petit chrysanthème sauvage, aux vertus insecticides encore utilisées aujourd'hui), de poivre blanc, de racines de patchouli (pour le parfum) et de tabac, dont elles saupoudraient abondamment tous leurs vêtements avant de les ranger dans les placards.

*Page de gauche*
*Les foulards et les écharpes en soie ou en laine fine sont rangés dans des boîtes, à l'abri de la poussière.*

*Ci-dessus*
*Du poivre dans les poches et la doublure des vêtements rangés avant l'été, pour faire fuir les mites.*

Nos aïeules suspendaient des sachets remplis de morceaux de camphre dans les manches des vêtements. Elles fabriquaient aussi des teintures à base de romarin et de serpolet, dont elles vaporisaient les armoires et les placards, et imitaient parfois les Russes, qui employaient de la teinture de coloquinte (l'écorce des petites cucurbitacées était coupée en morceaux, que l'on faisait macérer quelques jours dans de l'alcool). Elles saupoudraient souvent la doublure de leurs vêtements avec du poivre, avant de les ranger.

Ne rangez pas les pulls portés longtemps dans la penderie ou dans une commode : les mites adorent l'odeur humaine !

Lorsque la laine se met en petites boules, il est très facile de les ôter en passant un rasoir sur la surface abîmée. Il faut procéder doucement, sans appuyer.

### *Les sachets antimites*

25 G DE PYRÈTHRE EN POUDRE
25 G DE POIVRE BLANC CONCASSÉ
25 G DE RACINES DE SANTAL
OU DE PATCHOULI BROYÉES
(CERTAINS HERBORISTES EN VENDENT
ENCORE, SINON UTILISEZ-LES
SOUS FORME D'HUILES ESSENTIELLES)
25 G DE CAMPHRE EN POUDRE
OU DE TABAC

Mélangez tous ces éléments et enfermez la poudre dans de petits sachets répartis dans les tiroirs et les penderies. Vous pouvez aussi la saupoudrer directement sur les vêtements avant de les ranger pour l'hiver ou l'été.

On peut aussi brosser avec une brosse à ongles. Mais sachez que plus un lainage est lavé, moins il bouloche...

Si vous empilez les chemises et les chemisiers sur une étagère, pensez à les disposer tête-bêche pour qu'ils ne glissent pas.

Un savon parfumé placé dans un placard à vêtements y diffusera une odeur agréable.

## Reconnaître la nature d'un tissu

Faites brûler quelques fils prélevés sur un ourlet : ils doivent se consumer lentement et dégager une odeur de poils brûlés. Dès qu'il y a une part de synthétique, les fils brûlent très vite et semblent fondre. Les fils de coton se consument rapidement et sans odeur.

## Les chapeaux

Un chapeau de paille qui a perdu sa forme la retrouvera une fois humidifié et placé sur une forme en bois ou sur la tête.

Un chapeau en velours abîmé par la pluie retrouvera son aspect lisse et mordoré si vous l'exposez quelques minutes à la vapeur chaude d'une bouilloire. Lustrez ensuite le velours avec une brosse douce, dans le sens du tissu.

## Les chaussures

Ce sont les hommes qui, curieusement, semblent le mieux prendre soin de leurs chaussures. Certains sont capables de passer des heures à entretenir le brillant de souliers amoureusement choisis, qui doivent vieillir en beauté.

Un beau brillant s'obtient en déposant un « glacis » (et non une épaisse couche) de cirage sur le cuir. Le mieux est d'utiliser une éponge synthétique réservée à cet usage. Mouillez-la à l'eau chaude (ce qui remplace avantageusement le truc consistant à cracher sur la chaussure pour en accentuer le brillant !). Imprégnez-la de cirage

100%

et déposez-en une très fine couche sur la chaussure. Laissez sécher et faites briller avec un chiffon doux.

On peut accentuer encore le brillant en passant un demi-citron coupé en deux sur toute la chaussure, avant de terminer par un ultime polissage.

Rien ne vaut un cirage traditionnel, de qualité. Même si les cirages aux silicones permettent de faire briller le cuir en un temps record, il vaut mieux ne pas les utiliser régulièrement car leur abus entraîne à la longue dessèchement et craquelure du cuir. Si le cirage commence à sécher, il suffit de le faire tiédir au bain-marie ou de le diluer avec un peu de jus de citron, de vinaigre ou d'essence de térébenthine.

Les chaussures vernies s'entretiennent avec un linge fin trempé dans du lait, de la crème fraîche, ou bien humecté de vaseline.

Pour redonner du velouté à un cuir imitant le daim, il suffit de le frotter doucement avec une éponge grattante de couleur claire (les tampons ordinaires de teinte verte risquent de laisser des traînées de la même couleur, surtout sur un cuir pâle !). On peut également utiliser une feuille de papier de verre très fin.

Les chaussures mouillées doivent être bourrées de papier journal et sécher loin de toute source de chaleur, qui racornit le cuir.

## *Entretenir le cuir verni*

3 cuillerées à soupe de crème fraîche

2 cuillerées à café d'huile de lin

1. Mélangez et passez cette crème en couche fine sur le cuir verni.
2. Laissez sécher et faites briller avec un chiffon de laine fine.

## *Nettoyer les chapeaux de paille*

15 à 20 g d'acide oxalique

1 verre d'eau ou 1 jus de citron

1. Frottez la paille avec une brosse douce trempée dans le mélange.
2. Laissez agir quelques minutes, puis rincez à l'eau pure.
3. Laissez sécher en plein air.

S'il s'agit de paille blanche, vous pouvez utiliser du jus de citron pur, dont l'action sera renforcée par une exposition du chapeau au soleil.

*Ci-dessus*
*Pour donner un brillant incomparable aux chaussures : quelques gouttes de jus de citron suivies d'un polissage au chiffon.*

*Page de droite*
*Les chapeaux de paille font une jolie parure au vieux fauteuil rajeuni par une couche de peinture.*

Pour que les semelles en cuir résistent à la pluie, enduisez-les régulièrement d'huile de lin chaude, passée au pinceau.

De l'huile de lin passée sur la semelle empêchera également les chaussures de craquer en faisant un bruit désagréable.

Des chaussures laissées dans un lieu humide peuvent être tachées de moisissure. Celle-ci s'ôtera facilement avec un chiffon humecté d'essence de térébenthine.

## Les gants

Il n'était pas question, autrefois, de sortir sans gants et sans chapeau. En peau ou en cuir glacé (les gants de coton étaient réservés à la belle saison), ils étaient l'objet de soins attentifs.

Les gants en peau étaient tout simplement frictionnés à la mie de pain, qui peut aujourd'hui être avantageusement remplacée par une gomme spéciale utilisée pour le nubuck. Quant aux gants en cuir glacé, on les frottait en douceur avec un tampon de flanelle imbibé de benzine.

Les gants qui supportent le lavage seront nettoyés à l'eau savonneuse additionnée de quelques gouttes de glycérine, pour assouplir le cuir. Il faut enfiler les gants comme pour les porter et les frotter doucement. On rince ensuite à l'eau tiède.

Rangez les gants fragiles dans une boîte spéciale, entre des feuilles de papier de soie. Les raffinées ajouteront des végétaux odorants ou du talc parfumé au fond de la boîte.

*PAGE DE GAUCHE*
*Quelques écorces, des fleurs et des feuilles odorantes communiqueront leur parfum aux gants de peau.*

## Les jouets en peluche

Pas question de les passer à la machine, à moins qu'ils ne soient lavables. Pourtant, ils ont souvent besoin d'un bon coup de nettoyage, surtout s'ils sont utilisés comme doudou ou s'ils ont traîné un peu partout.

Offrez-leur une seconde jeunesse en les enfermant dans un sac en plastique à moitié rempli de Maïzena ou de talc. Fermez le sac et agitez en tous sens. Ensuite, il suffit de les brosser pour ôter toute trace de poudre.

Le nettoyage au talc convient également pour un accessoire de mode en fourrure, tel qu'un tour de cou, un boa, une toque ou un bonnet. Le brossage doit toujours se faire avec une brosse un peu dure. Si la fourrure est claire et tachée, il est possible de diluer une petite cuillerée de talc ou de farine dans deux cuillerées d'essence minérale et de se servir de la pâte obtenue pour enduire l'endroit taché. Il faut ensuite laisser sécher et brosser.

*CI-CONTRE*
*Le petit ours n'a pas besoin d'être lavé : un peu de talc, un bon brossage et la saleté s'en va...*

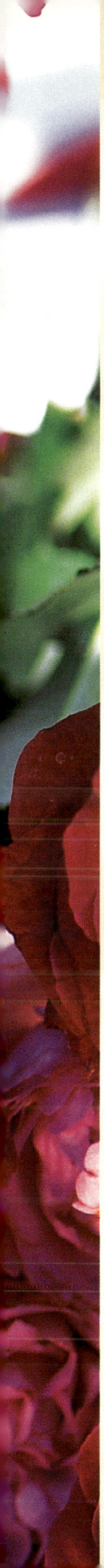

# Beauté
## *et bien-être*

À une époque où les parfumeries et les pharmacies offrent les produits les plus élaborés et les plus sophistiqués, les recettes naturelles ont pourtant toujours autant de succès. Les sciences et techniques qui servent à l'élaboration des huiles essentielles, crèmes, baumes ou autres remèdes reposent de plus en plus souvent sur des traditions empruntées à des civilisations très anciennes. Munis des secrets que nos aïeux se transmettaient de génération en génération, les cosmétologues ont recours aujourd'hui aux vertus des plantes ou d'éléments très simples comme le lait, l'huile ou le miel.

# *La santé par les plantes*

*Les secrets de beauté et de santé par les plantes sont connus depuis les temps les plus anciens. Dans toutes les civilisations, comme par exemple en Égypte, où « les dames de la haute société utilisaient des onguents à base d'huile d'amande douce, de résine, de miel et de cannelle », et où « les femmes du peuple utilisaient de simples huiles parfumées à la menthe ou au thym » (Thomas de Quincey,* La Toilette de la dame hébraïque, *éditions du Promeneur, 1992), en Inde, en Chine, en Grèce ou à Rome, les remèdes et les crèmes de beauté à base de plantes étaient largement employés.*

*La lavande, le thym, le romarin, la sauge, l'ail, la rose ou le lis sont cultivés depuis toujours dans les jardins, à la fois pour leur agrément et pour le bien-être qu'ils procurent.*

## Du thym contre le rhume

Quand vous commencez à être enrhumé, faites-vous toutes les heures une infusion de thym sucrée au miel, à laquelle vous ajouterez une rondelle de citron et deux clous de girofle.

Mettez quelques gouttes d'huile essentielle de thym sur votre mouchoir et sur votre oreiller, cela vous aidera à mieux respirer.

## *L'huile de lis*

Pour nettoyer le visage et guérir des petites brûlures.

100 g de pétales de lis de la Madone fraîchement cueillis
100 g d'huile d'amande douce

1. Laissez macérer les pétales dans l'huile pendant environ 15 jours.
2. Filtrez et mettez en flacon.

## Le lis pour la peau

Si le lis poussait dans tous les cloîtres du Moyen Âge, ce n'était pas seulement parce qu'il symbolisait l'incandescente pureté de la Vierge Marie, mais aussi parce qu'il figurait parmi les plantes du *Capitularis de Villis,* recueil de toutes les bonnes plantes destinées à soigner les petits maux quotidiens, préconisées par l'empereur Charlemagne pour les jardins de son empire.

Le lis est un allié de la peau, qu'il aide à cicatriser. On utilise les pétales ou le bulbe bouilli dans du lait. Une fois réduit en purée, on l'utilise pour soulager les affections légères de la peau, telles les dermites ou les irritations...

## De la menthe pour les chiens

Il existe toutes sortes de menthes, mais l'une d'elles en particulier, la menthe pouillot (*Mentha pulegia*), doit son nom à la qualité qu'on lui attribue depuis l'Antiquité d'éloigner les puces (en latin, « puce » se dit *pulegia*).

Autrefois, dans les fermes, on n'oubliait jamais de mélanger quelques branches de cette menthe à la garniture des matelas, et surtout d'en mettre une épaisse couche dans la niche des chiens, souvent envahis de puces...

## L'huile de millepertuis

100 G DE FLEURS DE MILLEPERTUIS
FRAÎCHEMENT CUEILLIES
100 G D'HUILE D'OLIVE

1. Mettez l'huile et les fleurs dans un récipient fermé et laissez macérer pendant au moins 15 jours, de préférence au soleil.
2. Filtrez et mettez en flacon cette préparation qui a pris une étonnante couleur rouge sombre.

## La sauge contre la transpiration

~ Cueillez des feuilles de sauge et laissez-les sécher. Réduisez-les en poudre et mélangez-les à du talc officinal. Vous utiliserez ce mélange pour les aisselles ou pour les pieds.

~ Servez-vous également de cette poudre pour l'intérieur de vos chaussures (les tennis en particulier), afin de les désodoriser.

~ Vous pouvez aussi glisser tout simplement un bouquet de feuilles de sauge à l'intérieur de vos souliers.

## Les vertus du millepertuis

À la campagne, autrefois, l'huile de millepertuis figurait en bonne place parmi les remèdes familiaux les plus simples et les plus utilisés.

D'une étonnante couleur pourpre, elle était utilisée en massage pour combattre les courbatures, les petites douleurs, et surtout pour aider à la cicatrisation de la peau après une brûlure légère ou une blessure sans gravité. On s'en servait également au Moyen Âge pour chasser les mauvais esprits et les vilains sorciers...

On sait aujourd'hui que le millepertuis renferme de précieux principes anti-inflammatoires, cicatrisants et antiseptiques.

## Le citron pour la gorge

Le citron est traditionnellement employé pour adoucir les gorges enflammées par une angine, car il est riche en vitamine C qui lutte contre les infections.

~ Il vaut mieux utiliser le jus de citron chaud ou tiède, et renforcer son action adoucissante en le sucrant avec du miel.

## Les remèdes contre les piqûres

~ Si vous avez été piqué par une abeille à la campagne, choisissez quatre herbes différentes et frottez-vous vivement la peau. Parmi ces herbes, le plantain, reconnaissable à de larges feuilles ovales et nervurées, et à son inflorescence en forme de minuscule houpette, au bout d'une longue tige, figure parmi les plus apaisantes.

~ Le vinaigre, le jus de citron, le jus d'oignon ou celui de poireau apaisent également la douleur des piqûres d'insectes.

# *Une toilette raffinée*

*Au même titre que la parure (vêtements ou bijoux), les parfums, les fards et les cosmétiques ont toujours figuré parmi les principaux éléments de la séduction...*

*Dans son petit livre consacré à* La Toilette de la dame hébraïque *(éditions du Promeneur, 1992), l'écrivain anglais Thomas de Quincey évoque un accessoire porté en collier par les femmes de l'aristocratie de l'ancienne Palestine, durant l'Antiquité. Il s'agit d'« une petite boîte finement ouvragée, d'argent ou d'or, ou quelquefois une fiole d'onyx d'un blanc éblouissant, remplie d'arômes et des épices odorantes les plus rares de l'Orient », parmi lesquels figuraient le musc, la myrrhe, l'essence de rose et l'eau de rose. Porté en permanence, cet objet permettait de parfumer à la fois la peau et les vêtements.*

## Un savon sur mesure

Si vous avez une peau fragile, adoptez pour la toilette de votre visage un pain dermatologique ne contenant pas de savon, qui peut être irritant pour certains épidermes. Vous l'achèterez en pharmacie.

Ne jetez plus vos restes de savon : râpez-les et utilisez les copeaux ainsi obtenus pour fabriquer un nouveau savon que vous pourrez parfumer et colorer à votre choix (utilisez des colorants alimentaires, ne risquant pas de provoquer d'allergies).

---

## *Le savon à l'ancienne*

100 G DE SAVON DE BONNE QUALITÉ
7 G D'ESSENCE D'AMANDE
3 G D'ESSENCE DE BERGAMOTE
(OU BIEN DE CITRON, DE NÉROLI,
DE MANDARINE OU TOUT AUTRE FRUIT
DE LA MÊME FAMILLE)
3 CUILLERÉES À SOUPE
D'EAU DE FLEUR D'ORANGER
OU D'EAU DISTILLÉE

1. Râpez le savon en copeaux ou bien mettez-le dans le mixer.
2. Mélangez les copeaux ou la poudre aux autres éléments. Ajoutez l'eau de fleur d'oranger et versez le tout dans une casserole.
3. Faites chauffer doucement jusqu'à dissolution complète du savon. Si vous voulez colorer votre savon, ajoutez un colorant dans la casserole.
4. Versez ce liquide chaud dans des moules préalablement huilés et mettez au frais, le temps que le savon durcisse.

Vous pouvez aussi attendre que le savon épaississe et le façonner entre vos mains, de manière à former des boules du diamètre d'une balle de tennis.

Vous pouvez ajouter à la recette de base du miel, de l'avoine ou du son (100 g pour 100 g de savon).

---

## Les soins du visage

Le jaune d'œuf utilisé pur sur le visage nettoie parfaitement la peau et la laisse toute lisse.

Si vous avez la peau grasse, vous pouvez utiliser du miel (liquide ou solide) en guise de crème de gommage. Enduisez votre visage de miel et massez doucement du bout des doigts. Rincez ensuite à l'eau pure ou avec une eau florale (rose, fleur d'oranger, hamamélis ou autre).

Vous pouvez aussi mêler du miel et de l'eau de rose en quantités égales. Ce mélange donne une lotion au parfum très agréable, idéale pour les peaux à tendance grasse.

Un demi-yaourt battu avec une ou deux gouttes d'huile d'amande douce ou toute autre huile fine (jojoba, karité, rosier muscat, carotte ou autre...) permet d'obtenir une crème pouvant être utilisée pour le démaquillage ou comme crème de base, pour les peaux sèches.

## Le bain

L'eau du robinet est souvent trop calcaire. Pour l'adoucir, vous pouvez utiliser du vinaigre de toilette, du son ou de l'avoine, enfermés dans un mouchoir.

Nos grands-mères raffolaient de la teinture de benjoin pour parfumer et adoucir l'eau de leur toilette. Ce produit s'achète en pharmacie et il suffit d'en ajouter quelques gouttes dans l'eau pour qu'elle prenne une teinte opalescente et une odeur délicieuse et un peu ambrée.

Le moyen le plus simple et le plus économique d'ôter le calcaire de l'eau et de se faire la peau toute douce consiste à ajouter une poignée de bicarbonate de soude dans le bain.

Quand on est très fatigué et tendu, on peut ajouter une poignée de gros sel marin dans l'eau du bain. Ensuite, il faut se rincer, s'envelopper dans un peignoir et se mettre au lit tout de suite.

## *Le vinaigre de toilette*

Rien de plus facile à réaliser qu'un vinaigre de toilette, qui neutralise le calcaire de l'eau en même temps qu'il laisse la peau et les cheveux doux et soyeux.

1 BONNE POIGNÉE
DE PLANTES AROMATIQUES :
LAVANDE, ROMARIN, FENOUIL, VERVEINE,
MÉLISSE, SANTOLINE, ROSE, ŒILLET,
JASMIN, EUCALYPTUS, MYRRHE...,
MÉLANGÉES OU UTILISÉES SEULES
1 L DE VINAIGRE DE CIDRE
(PLUS DOUX POUR LA PEAU)

1. Faites chauffer le vinaigre. Lorsqu'il entre en ébullition, ajoutez les plantes et éteignez le feu.
2. Versez dans un bocal ou un pot de grès et laissez macérer au moins 15 jours.
3. Filtrez à l'aide d'un filtre à café ou d'une mousseline posé dans un entonnoir pour mieux retenir les impuretés et mettez en flacon.

Un demi-verre suffit pour un bain.
Ce vinaigre parfumé est également un excellent assouplissant pour le linge fin !

*PAGE DE DROITE*
*Vinaigre de toilette à base de vinaigre de cidre, dans lequel ont infusé toutes sortes de plantes parfumées : lavande, romarin, fenouil, thym, eucalyptus...*

Selon la légende ou la tradition, l'impératrice Poppée, épouse de Néron, entretenait sa beauté et la jeunesse de sa peau en prenant quotidiennement des bains de lait d'ânesse. On sait aujourd'hui que les ferments lactiques sont excellents pour l'épiderme, mais il est difficile d'envisager de copier la recette de Poppée. On peut en revanche s'en inspirer, en versant du lait dans l'eau de son bain : du lait en poudre, auquel il est facile d'ajouter quelques gouttes d'huile essentielle ou de son parfum préféré.

On peut également donner un aspect laiteux à l'eau du bain en y plongeant un mouchoir soigneusement noué, rempli d'amidon ou de farine de maïs qui adoucissent la peau, ou bien en y ajoutant 5 ou 6 gouttes de benjoin, à l'odeur vanillée et balsamique.

## *Le bain au son*

300 À 400 G DE SON
OU DE FLOCONS D'AVOINE
1 MOUCHOIR
OU 1 CARRÉ DE GAZE FINE

1. Remplissez le mouchoir ou le carré de gaze de son (en pharmacie et dans les magasins de diététique) ou de flocons d'avoine.
2. Nouez-le aux quatre coins (c'est l'origine du mot « nouet »).
3. Laissez tremper ce sachet dans l'eau du bain, jusqu'à ce qu'elle devienne laiteuse.

On peut également se servir de ce sachet pour se frotter la peau aux endroits parfois un peu rugueux, comme les coudes, les genoux ou les talons.

## Le coing pour les peaux irritées

Les pépins de coing renferment un mucilage (sorte de gomme soluble dans l'eau) très doux pour la peau. Il suffit de les laisser tremper dans de l'eau. Il se forme en quelques jours une sorte de gelée translucide, dont on peut se servir pour se laver le visage.

On peut également obtenir un bon résultat en mixant 25 grammes de pépins de coing avec un verre d'eau. On se sert du liquide filtré comme d'un masque adoucissant.

## *L'eau de coing*

50 G DE PÉPINS DE COING
50 G D'ÉCORCE DE COING
FRAÎCHEMENT PELÉE
1 L D'EAU
1 G D'ACIDE SALICYLIQUE

1. Faites chauffer l'eau dans une casserole et, dès qu'elle commence à frémir, ajoutez les pépins et les écorces.
2. Laissez chauffer 5 minutes, puis éteignez.
3. Filtrez le liquide obtenu et ajoutez-y l'acide salicylique.
4. Mettez en flacon et conservez au frais.

Lorsque Colette eut l'idée de se transformer en esthéticienne, elle proposait, parmi d'autres produits de beauté de son invention, cette eau qu'elle avait baptisée « Peau d'ange », plutôt destinée à soigner les peaux grasses.

*PAGE DE DROITE*
*Les pépins de coing renferment un mucilage doux pour la peau. Il suffit de les laisser tremper dans de l'eau distillée. Ce liquide servira ensuite de lotion rafraîchissante.*

Officina Profumo-Farmaceutica
di S. M. Novella
Firenze
Polver
Iris Florentina
La Polvere d'Ireos va gelo
dall'umidità e dalla vicinanza di qualunqu
qualunque perdes
tempo, bene ste
per fargli

## L'iris aux mille vertus

Une fois réduits en poudre, les rhizomes de l'iris de Florence constituent un étonnant dentifrice naturel, qui blanchit et polit les dents de manière efficace. Il suffit de tremper la brosse à dents humide dans la poudre.

L'iris de Florence est aussi employé par les parfumeurs comme fixatif dans certaines compositions, auxquelles il ajoute une note odorante de violette...

## Les cheveux

Rincez-les toujours à l'eau froide et utilisez du vinaigre ou du jus de citron dans la dernière eau de rinçage pour les rendre plus brillants.

Prenez l'habitude d'ajouter de la levure de bière à vos aliments. En poudre ou en comprimés, ce produit riche en acides aminés favorise la croissance des cheveux et des ongles.

Deux œufs battus avec une cuillerée à soupe de rhum : c'était la recette favorite de nos grands-mères pour fortifier leur chevelure. Utilisez de l'eau tiède pour ce shampooing : l'eau trop chaude fait coaguler les blancs d'œufs.

L'eau de bois de Panama (voir la recette de l'eau de saponaire, p. 102) est un excellent shampooing pour les cheveux délicats, et particulièrement pour traiter les cheveux gras.

## Les mains

Si vous devez faire des travaux salissants, frottez vos ongles sur du savon sec. Il ne vous restera plus qu'à vous les brosser après avoir terminé votre tâche, pour retrouver des ongles impeccables.

## Les pieds

Pour les délasser, trempez-les dans un bain d'eau très chaude additionnée de gros sel marin.

## *Le shampooing de Lila au citron et aux clous de girofle*

4 CITRONS COUPÉS EN QUATRE

16 CLOUS DE GIROFLE

1 L D'EAU

1. Faites chauffer l'eau dans une casserole et ajoutez-y les citrons coupés et les clous de girofle.
2. Laissez cuire pendant 1/4 d'heure environ, le temps que les citrons soient réduits en une sorte de marmelade.
3. Filtrez et laissez refroidir.
4. Mouillez vos cheveux, essorez-les légèrement et appliquez la purée de citron. Massez le cuir chevelu et laissez agir quelques minutes avant de rincer.

Cet étonnant soin au citron laisse les cheveux brillants, soyeux et agréablement parfumés. Il convient particulièrement aux cheveux gras ou aux cuirs chevelus trop secs, souffrant de pellicules.

## *Un fortifiant pour les ongles*

HUILE D'OLIVE

JUS DE CITRON

ALCOOL IODÉ DÉCOLORÉ (EN PHARMACIE)

LE TOUT À PARTS ÉGALES

1. Mélangez tous les ingrédients.
2. Faites tiédir au bain-marie. Trempez régulièrement vos ongles dans ce mélange.

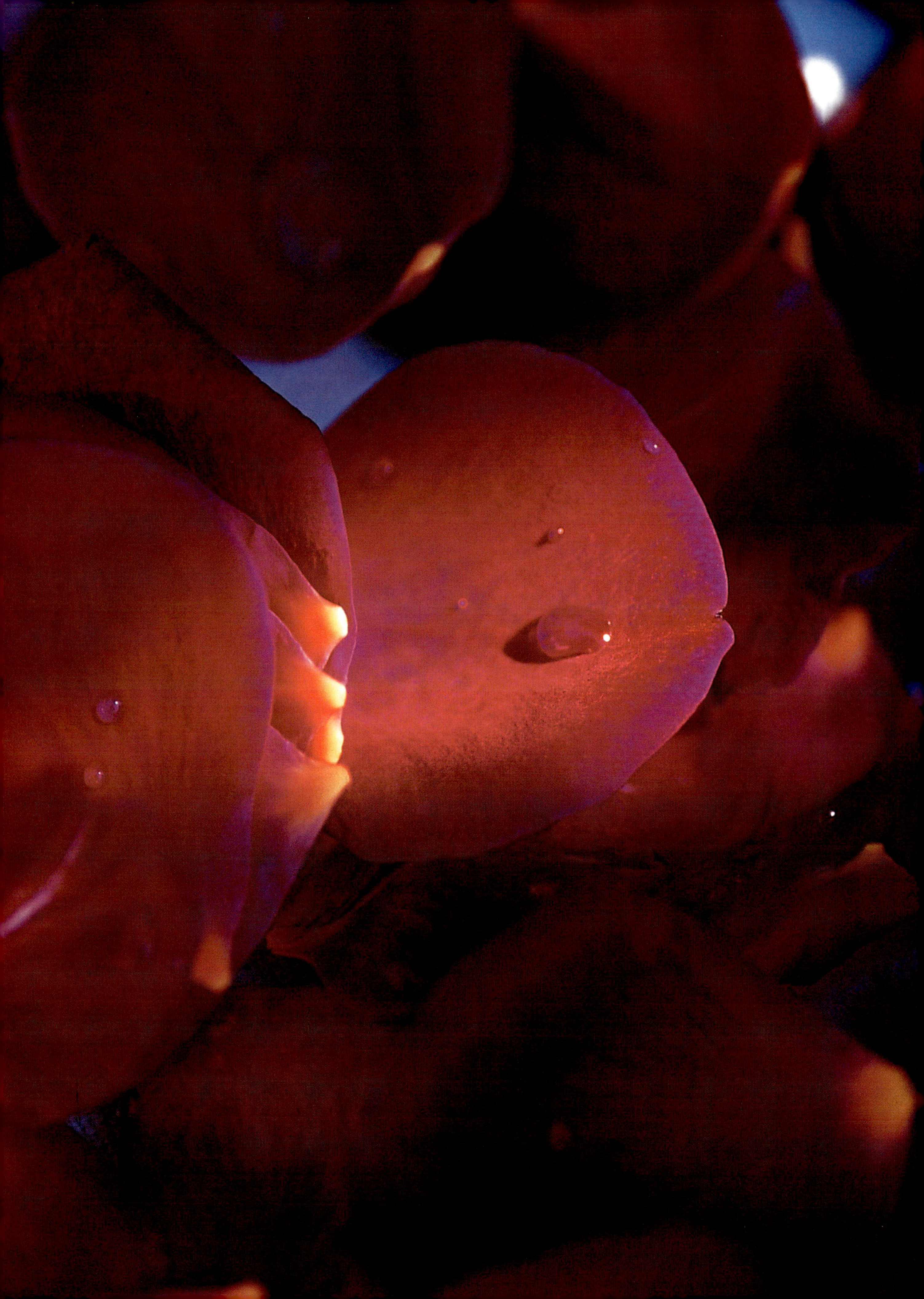

# *Les parfums et les lotions*

*Nos aïeules trouvaient le temps de préparer chez elles les crèmes et les élixirs dont leur beauté avait besoin. Les eaux florales à base de rose, d'hamamélis, de bleuet ou de sureau possédaient les vertus de nos modernes toniques et laissaient sur la peau une délicate senteur naturelle.*

## Les parfums et les eaux de senteur

Vous pouvez corser vos parfums ou vos eaux de toilette en y ajoutant des épices comme la cannelle, le poivre, la cardamome ou la vanille, que vous y laisserez infuser. Attention, ces épices conviennent mieux aux parfums « chauds » et boisés qu'aux parfums fleuris et verts.

## *L'eau de rose*

500 G DE PÉTALES DE ROSES DE DAMAS (CENTIFOLIA)

1 L D'EAU DISTILLÉE

1. Faites chauffer l'eau. Dès qu'elle bout, éteignez le feu et plongez les pétales de roses dans le liquide chaud.
2. Laissez infuser pendant 3 à 4 jours et filtrez.
3. Mettez en flacon et conservez au frais.

Contrairement à la véritable eau de rose obtenue par distillation, cette eau ne se conserve pas longtemps et il faut la mettre dans le réfrigérateur. Elle peut également servir de tonique après le démaquillage.

## *Une lotion pour le visage*

5 G D'AMANDES EN POUDRE

200 CL D'EAU DE FLEUR D'ORANGER

200 CL D'EAU DE ROSE

5 GOUTTES DE TEINTURE DE BENJOIN

1. Mélangez tous les ingrédients et versez dans un flacon.
2. Laissez macérer 15 jours.
3. Filtrez avec un filtre en papier ou un morceau de toile à beurre et mettez en flacon.

Vous utiliserez cette lotion, plutôt réservée aux peaux grasses, comme tonique après le démaquillage.

*PAGE DE GAUCHE*
*Né dans l'onde comme Vénus, la « divine rose aux belles couleurs », la rose vermeille, est aussi belle que bonne. L'eau de rose est une délicieuse façon de se soigner la peau.*

## *L'eau de sauge*

1 POIGNÉE DE FEUILLES

DE SAUGE FRAÎCHEMENT CUEILLIES

1/2 L D'EAU DISTILLÉE

1. Faites bouillir l'eau et plongez-y les feuilles finement hachées.
2. Éteignez le feu et laissez infuser à couvert pendant 1 heure.
3. Filtrez et mettez en flacon.

Cette eau à l'odeur poivrée et balsamique peut aussi bien servir de lotion tonique pour le visage (pour les peaux à tendance grasse, par exemple) ou pour frictionner le cuir chevelu. Elle calme également l'échauffement de la peau après un coup de soleil.

Accessoirement, versée dans le réservoir du fer à vapeur, cette eau de sauge peut aussi servir à parfumer le linge.

## *L'eau à l'iris*

1/4 DE LITRE D'ALCOOL À 90°

25 G D'IRIS DE FLORENCE EN POUDRE

(DANS LES HERBORISTERIES)

50 G DE TEINTURE DE BENJOIN

1. Laissez macérer l'alcool et la poudre d'iris pendant 1 semaine.
2. Filtrez, puis ajoutez la teinture de benjoin.

Vous pouvez ajouter à ce mélange 10 gouttes d'essence de violette pour lui donner un parfum plus prononcé.

## *L'eau de Millefiori ou Mille Fleurs*

1 L D'ALCOOL À 90°

400 G D'EAU DE FLEUR D'ORANGER

12 G D'ESSENCE DE BERGAMOTE

6 G DE BAUME DU PÉROU

6 G D'ESSENCE DE CLOU DE GIROFLE

1,5 G D'ESSENCE DE NÉROLI

1,5 G D'ESSENCE DE THYM

1. Mélangez tous les ingrédients dans l'alcool.
2. Filtrez et mettez en flacon.

La recette ancienne comportait 12 g d'essence de musc, mais on ne trouve plus ce produit, utilisé autrefois comme fixateur. Il est aujourd'hui interdit à la vente, car il était extrait de la poche anale de certains animaux, comme la civette, qui sont désormais protégés. On peut remplacer le musc animal par du musc végétal, si l'on en trouve chez un herboriste, ou par de l'essence de musc de synthèse (l'ensemble des ingrédients cités dans cette recette se trouvent en pharmacie).

*PAGE DE DROITE*
*Quelques gousses de vanille fendues en deux communiqueront leur parfum chaud et capiteux à une simple eau de Cologne ambrée.*

# Une envie *de nature*

*D*e ceux qui possèdent le don de tout faire pousser, la sagesse populaire dit qu'ils ont « la main verte ». Un peu magiciens, un peu alchimistes, les jardiniers du temps jadis connaissaient la terre et les étranges rapports qu'elle peut parfois entretenir avec la lune, ainsi que l'art de marier ou de séparer certaines plantes. Ils concoctaient pour leur jardin des recettes qui conservent aujourd'hui tout leur pouvoir. L'art de greffer, de bouturer ou de semer se transmettait de père en fils ou de mère en fille, le potager et le verger étant plutôt du domaine masculin, tandis que le jardin floral semblait naturellement réservé aux femmes, qui y puisaient les éléments des bouquets dont elles garnissaient la maison.

# *Les roses et les rosiers*

*« Jardiniers de nos vies, nous avons tous, autant que nous aimons, une exquise mémoire de rose. »*

*Denise Le Dantec,* Le Journal des roses, *François Bourin, 1991.*

*Petite-fille cultivée de l'églantine à cinq pétales, la rose figure dans nos jardins depuis toujours. Objet de tous les soins, de tout l'amour des jardiniers, elle est la plus belle parure des mois de mai et de juin, et consent parfois à s'épanouir au temps des premières gelées, comme une ultime offrande avant l'hiver.*

## Couleur de rose

Selon une légende grecque, toutes les roses étaient blanches à l'origine, mais un jour, Vénus se blessa à une épine de rosier et son sang colora les pétales d'une teinte incarnat, couleur qu'ils ont conservée depuis...

## Les recettes traditionnelles

Les jardiniers d'autrefois utilisaient souvent pour leurs rosiers la bouillie bordelaise à base de sulfate de cuivre, également employée pour traiter la vigne. Cette bouillie peut en outre servir à colorer en bleu-vert une clôture ou un treillage en bois trop neufs.

Certains jardiniers ne manquaient jamais d'enterrer quelques gousses d'ail au pied de leurs rosiers. Ils prétendaient que cela renforçait couleur et parfum, tout en dissuadant les invasions de pucerons. Comme ce traitement est inoffensif, il peut toujours être employé.

## Les rosiers grimpants

Quand un arbre âgé perd peu à peu ses feuilles mais conserve une belle forme, pourquoi ne pas le transformer en tuteur pour un rosier grimpant, qui lui donnera une nouvelle jeunesse... Il suffit de planter un rosier à ses pieds et de le tailler de manière à ce que ses tiges grimpent harmonieusement dans le vieil arbre.

*PAGE DE GAUCHE*
*Des gousses d'ail plantées au pied d'un rosier lui apporteront, selon la tradition, vigueur et parfum, tout en le protégeant des pucerons. Peut-être est-ce à cause du soufre qu'elles renferment...*

*CI-DESSUS*
*Au-dessus du banc en branches imaginé par Bruno Lafforgue, dans son jardin du mas de l'Ange, pousse un vieux rosier.*

## Châssis à l'ancienne pour les boutures

Autrefois, pour être sûrs que leurs boutures reprendraient, les jardiniers les installaient à l'intérieur de châssis, longues boîtes en bois dont le couvercle incliné était composé de plaques de verre, comme une sorte de serre miniature.

Vous pouvez remplacer le châssis d'antan par une installation plus simple, en vous servant d'une grande boîte en bois (une caisse à vin, par exemple), au fond de laquelle vous répandrez une épaisse couche de tonte de gazon. Celle-ci remplacera le fumier dont se servaient nos grands-parents, qui fermentait en dégageant une douce chaleur bénéfique à la reprise des plantes. La tonte de gazon jouera le même rôle et sentira moins mauvais que le fumier ! Installez vos pots dans la boîte, et recouvrez celle-ci d'une plaque de verre ou d'une feuille de plastique pour les protéger et retenir l'humidité.

## *La bouture de rosier à l'ancienne*

1 GRAIN DE BLÉ PRÉLEVÉ EN ÉTÉ
SUR UN ÉPI MÛR

1 TIGE DU ROSIER À BOUTURER,
NE PORTANT NI FLEUR
NI BOUTONS FLORAUX

1. Choisissez une tige « non aoûtée », c'est-à-dire verte et qui n'a pas encore pris l'aspect du bois.
2. Supprimez toutes les feuilles de l'extrémité de la tige et coupez-la pour n'en conserver que 10 centimètres au maximum.
3. Taillez le bout de la tige en croix avec un couteau bien affûté et introduisez le grain de blé dans cette incision.
4. Mettez la bouture à tremper toute la nuit dans un verre d'eau.
5. Le lendemain, replantez-la dans un petit pot rempli d'un mélange de 2/3 de terreau et 1/3 de sable. Théoriquement, la reprise est assurée, surtout si vous pratiquez cette opération à la fin du mois d'août ou au début du mois de septembre : la meilleure époque, selon une tradition ancienne. Bizarrement, certains jardiniers ont constaté que les boutures de rosier, plantées sur le pourtour d'un pot en terre cuite, reprenaient plus facilement que celles qui étaient plantées au centre. Sans doute parce que la chaleur est plus intense à cet endroit...

*Ci-contre*
*La bouillie bordelaise à base de cuivre, pulvérisée sur le rosier pour le protéger, a fini par donner au mur une teinte étonnante.*

*Page de droite*
*Le vieux cerisier sert de tuteur au rosier grimpant, faisant s'emmêler fleurs, fruits et feuilles.*

Vilmorin
TREILLES-PERGOLAS
FLORAISON EXCEPTIONNELLE

# *Les semis et les rempotages*

*« Dans sa phase croissante, lune montante ou nouvelle lune, la lune favorise la croissance en hauteur et la multiplication en nombre de tout ce qui pousse au-dessus du sol. Dans son décours, lune descendante ou vieille lune, elle contrarie ces mêmes mouvements de croissance et favorise au contraire la vie souterraine. »*

Maison rustique des dames.

*Les jardiniers d'antan avaient leurs secrets et croyaient dur comme fer à certaines traditions qui tenaient tout autant du bon sens que de la superstition ou de la magie. Il y avait ainsi des périodes pour semer ou planter, qui tenaient compte des phases de la lune.*

## Semer avec la lune

En lune montante, on semait autrefois les fleurs et les graines qui doivent sortir de terre et s'élever vers le ciel, tandis que les jours de la lune descendante étaient consacrés aux semis ou aux plantations de tout ce qui prend racine : pommes de terre, radis, tomates, concombres, cornichons, choux ou salades, ainsi que les fruits. Aujourd'hui encore, certains jardiniers ne sèmeront jamais une salade en nouvelle lune, de peur de la voir pommer et monter...

## Conserver les graines

Mettez vos sachets et vos graines à l'abri de l'humidité et des rongeurs, en les enfermant dans des boîtes hermétiques ou des bocaux.

Si vous récoltez vos propres graines dans votre jardin, enfermez-les dans des sachets soigneusement étiquetés, portant le nom de la plante, ainsi que le mois et l'année de la récolte. Les vieilles graines qui ne lèvent pas doivent être jetées.

Les graines les plus fines doivent être recouvertes de quelques millimètres de terre, afin de ne pas mourir étouffées.

*PAGE DE GAUCHE*
*Il est important de bien étiqueter les plantes afin de les identifier, surtout lorsqu'on pratique les boutures.*

*CI-DESSUS*
*Enfermées dans un bocal, les graines ne redoutent pas l'humidité. Dans le verre d'eau, on laisse des graines tremper pour qu'elles germent.*

## Bien étiqueter

Si vous êtes un jardinier féru de botanique et si vous acclimatez chez vous des annuelles ou des vivaces inhabituelles, prenez l'habitude d'étiqueter vos plantations. Vous saurez ainsi exactement où vous les avez mises en terre (cela vous évitera de passer la tondeuse là où il ne le fallait pas ou de donner des coups de bêche malheureux !).

Pour protéger les étiquettes de la pluie et du soleil qui les décolorent, passez une bougie ou un bloc de paraffine sur toute leur surface : la cire les rend imperméables.

Si vous le pouvez, procurez-vous des étiquettes anglaises en cuivre, où il suffit d'inscrire le nom de la plante au stylo à bille pour graver le métal de manière indélébile, en creux. En outre, avec le temps, le métal se patine joliment.

Vous pouvez aussi fabriquer vos propres étiquettes avec une fine feuille de cuivre, achetée chez un spécialiste, que vous découperez ensuite à la taille voulue.

## Les graines et les semis

Certaines graines épaisses et un peu dures, comme celles des pois de senteur, peuvent tremper toute une nuit dans un verre d'eau avant d'être mises en terre. Cela les attendrit et favorise la germination. Celles qui sont particulièrement dures peuvent être mises à tremper dans de l'eau bouillante. Vous pouvez aussi les faire séjourner quelques semaines dans du sable humide avant de les semer.

Les graines les plus épaisses peuvent être amincies avec une lime, ce qui les aidera à germer plus facilement.

En revanche, lorsque les graines sont très fines, il vaut mieux prendre la précaution de les mélanger à du sable, pour obtenir un semis plus régulier et plus facile ensuite à éclaircir (c'est-à-dire supprimer les pousses trop rapprochées les unes des autres et ne conserver que les plus fortes et les plus vigoureuses). Le bon mélange pour les terrines dans lesquelles on pratique les semis est de 2/3 de terreau et 1/3 de sable, ni trop fin ni trop épais. N'enfoncez pas trop les graines et recouvrez-les d'une fine couche de terre. Pour les arroser en douceur, il vaut mieux se servir d'un pulvérisateur, qui ne risque pas de les déplacer.

*CI-DESSUS*
*Terrines de semis, boutures prêtes à être plantées et hormones en poudre dans lesquelles on trempe les tiges des boutures, pour faciliter leur reprise.*

*PAGE DE DROITE*
*Un panier où l'on a rangé les petits outils et les accessoires de jardinage pour ne pas les égarer et les avoir toujours sous la main.*

AIGLE

# *Protéger les plantes*

*Dans un jardin, bien des périls menacent les plantes : le froid, la chaleur excessive, les insectes ou les champignons. Un peu sorciers et alchimistes, les vieux jardiniers concoctaient des recettes étonnantes et savaient où et comment marier les plantes afin qu'elles se protègent mutuellement.*

## Mariages et divorces

Il ne faut pas semer à proximité des graines de concombre et de melon, car ce dernier prend la fadeur de la cucurbitacée et perd toute sa saveur sucrée...

Les courges peuvent produire les mêmes effets, à moins que ce ne soit simple croyance populaire. « Longtemps, on a cru que les courges cultivées à proximité des melonnières altéraient les qualités des melons. En rapport avec cette croyance, une habitude subsiste encore aujourd'hui dans les Alpes-de-Haute-Provence, où le consommateur malchanceux évoque une distance qui aurait séparé son melon d'un champ de courges supposé voisin. Plus le melon est mauvais, plus courte est la distance annoncée : dix mètres, cinq, deux... et, dans les cas les plus graves : seulement quelques centimètres. » Jean-Baptiste de Vilmorin, *Le Jardin des hommes*, Le Pré aux Clercs, 1996.

En revanche, les concombres se plaisent en compagnie des pois, des haricots, des radis ou des tournesols...

Installez des touffes d'achillées ou de capucines dans votre potager. Les achillées au parfum puissant feront fuir les insectes, tandis qu'un buisson de capucines rutilantes attirera, au contraire, les pucerons du voisinage, les détournant pour un temps des plantes voisines.

## Alliances bénéfiques

Cultivées à proximité des tomates, les asperges protègent celles-ci des maladies, grâce à une substance qu'elles renferment : l'asparagine.

Les œillets d'Inde, à l'odeur puissante et caractéristique, devraient orner tous les potagers, car leurs racines parfumées éloignent les nématodes, sortes de vers aussi nuisibles pour les légumes que pour l'homme, qu'ils peuvent contaminer.

Si vous avez des pommiers dans votre verger, arrosez-les avec une décoction d'échalote dont l'odeur puissante et soufrée fera fuir les insectes ravageurs. Plus simplement, plantez quelques échalotes au pied de vos pommiers.

---

### *La décoction anti-pucerons*

1 L D'EAU
100 G DE SAVON NOIR LIQUIDE OU DE SAVON EN PAILLETTES (VOUS POUVEZ AUSSI RÂPER TOUT SIMPLEMENT DU SAVON DE MARSEILLE)
2 GOUSSES D'AIL PRESSÉES

Mélangez tous les ingrédients et versez dans un pulvérisateur.

---

## *La nicotine anti-pucerons*

50 G DE TABAC PUR

1 L D'EAU

1. Laissez macérer le tabac dans l'eau pendant plusieurs jours.
2. Diluez cette solution : il faut 1 g de nicotine en solution par litre d'eau.
3. Pulvérisez sur les parties envahies par les pucerons.

Cette recette est ancienne, traditionnelle et efficace, mais cependant dangereuse car la nicotine est un poison violent. Ce liquide doit être versé dans un flacon soigneusement étiqueté et impérativement mis à l'abri des enfants et des animaux.

## La protection contre le froid

Si vous avez une fougère dans votre jardin, coupez les frondes en automne : elles feront un paillis (couche protectrice) efficace contre le froid. Il vous suffira d'en mettre une épaisse couche au pied des plantes à protéger. Vous pouvez aussi en couper dans la forêt.

Largement utilisées autrefois par les jardiniers, les cloches à melon en verre constituaient un bon barrage contre les vents froids et les gelées de l'hiver, pour protéger les plantes les plus fragiles. Désormais, elles sont vendues chez les antiquaires, mais certains spécialistes d'objets en verre les ont rééditées. On peut aussi trouver des cloches en plastique dans les jardineries, tout aussi efficaces mais beaucoup moins décoratives.

Dans la maison ou dans la serre, pour activer la pousse de vos boutures ou de vos semis, vous pouvez vous servir de verres renversés ou de cloches à fromage transparentes, qui feront office de mini-serres.

L'une des protections naturelles des plantes contre le froid semble être la neige elle-même. Jean-Baptiste de Vilmorin, dans son livre *Le Jardin des hommes,* cite l'exemple d'un botaniste ayant relevé, lors du terrible hiver de 1937-1938, une température de -6° C sous une couche de neige d'un mètre d'épaisseur, alors que la température extérieure atteignait -33,70° C !

En revanche, la glace est très dangereuse pour les plantes car elle les brûle et, si elle atteint une forte épaisseur, elle risque de briser les branches des arbres sous son poids.

*CI-DESSUS*
*Une ancienne cloche à melon en verre protège les plantes fragiles aussi bien du froid que de la sécheresse. Mais l'été, il faut faire attention au soleil, pour qu'il ne brûle pas les feuilles derrière le verre.*

*PAGE DE DROITE*
*Au rez-de-chaussée du château de Giniac, les plantes les plus fragiles sont rentrées avant l'hiver, comme dans les orangeries d'autrefois.*

## La protection contre la chaleur et la sécheresse

Le paillage des végétaux constitue une protection efficace contre la chaleur et la sécheresse. En été, vous pouvez utiliser les tontes de la pelouse pour cet usage.

Un dicton affirme qu'« un binage vaut deux arrosages » et c'est vrai : une terre régulièrement travaillée se dessèche moins vite et conserve plus longtemps l'humidité.

Les plants de tomates sont des assoiffés perpétuels. Pour mieux les arroser, utilisez ce vieux truc connu des jardiniers : coupez la base d'une bouteille en plastique et introduisez le goulot dans la terre, à la base du pied de chaque plant de tomates. Versez l'eau à l'intérieur de la bouteille, elle se diffusera lentement dans la terre, directement sur les racines.

La bouteille coupée en deux peut également servir à arroser certaines plantes en pot, installées sur les terrasses et les balcons.

## Les décoctions magiques

Dès les premières chaleurs, les pucerons envahissent les rosiers et autres plantes. Si vous ne voulez pas recourir aux traitements chimiques, essayez des recettes d'antan à base de savon noir ou de savon de Marseille. Il faut compter environ un dixième de savon par quantité d'eau. Certains n'hésitent pas à ajouter à ces teintures savonneuses des gousses d'ail râpées, pour les rendre encore plus efficaces.

### *La « tisane » fortifiante aux orties*

500 G DE FEUILLES
ET DE TIGES D'ORTIES
FRAÎCHEMENT COUPÉES
5 L D'EAU

1. Mettez les orties au fond d'un seau et versez l'eau.
2. Laissez macérer pendant quelques jours. Servez-vous de ce liquide pur en pulvérisations contre les pucerons, ou bien dilué dans l'eau d'arrosage pour fortifier les plantes, car les orties sont riches en sels minéraux.

# *Les outils du jardinier*

*Reconnaît-on un bon jardinier à ses outils ? Ce n'est peut-être pas certain, mais pour qu'ils fassent un bon usage, ils doivent être entretenus, tout comme le jardin pour lequel ils sont faits.*

Les manches en bois des outils peuvent être poncés au papier de verre, pour être plus lisses sous la main. Pour les rendre encore plus doux, enduisez-les de savon sec ou de paraffine.

Rangez soigneusement les râteaux, dents contre terre, afin de ne pas marcher dessus par mégarde.

Pour éviter que la lame de vos outils ne rouille, passez régulièrement un chiffon enduit de pétrole ou d'huile pour voiture sur le métal.

Si vous craignez de perdre un sécateur dans l'herbe, choisissez-le d'une couleur vive, comme le jaune ou le rouge : il sera visible de loin, contrairement à un sécateur vert qui peut se confondre avec l'herbe.

Quand une lame est rouillée, frottez un oignon coupé en deux et saupoudré de sucre sur toute sa surface. Le jus de l'oignon sucré va nettoyer la rouille et stopper son action.

Contrairement à ce que l'on pense, les outils en inox brillants et superbes à l'œil ne sont pas toujours adaptés aux rudes travaux du jardin. Préférez le véritable acier trempé qui ne risque pas de se tordre ou de se déformer au moindre effort. Dans les vide-greniers de villages ou dans les brocantes, chinez les outils anciens. Non seulement ils sont beaux et peuvent être collectionnés, mais vous vous en servirez avec plaisir (à condition bien sûr de vérifier qu'ils sont en état de fonctionner) car nos grands-parents savaient tailler le bois et façonner le métal de manière à ce que les outils soient parfaitement adaptés aux mains de ceux qui les utilisaient.

Regroupez tous les outils de jardin et les accessoires dont vous avez besoin au même endroit. Mettez les sécateurs, les plantoirs, les gants, les petits râteaux, les griffes, les étiquettes, la ficelle et le raphia dans des paniers ou des cageots, ainsi vous ne perdrez plus de temps à les chercher partout.

# LES PRODUITS DE BASE À UTILISER CHEZ SOI

*Simples et faciles à employer, ils ont bien d'autres usages à découvrir que ceux pour lesquels ils sont les plus couramment utilisés. On les trouve tout simplement au marché, dans les rayons des grandes surfaces, chez un droguiste ou chez un pharmacien.*

### L'ail

Il ne sert d'habitude qu'à la cuisine, mais dans la maison, le jus d'ail est une colle qui a fait ses preuves sur des objets de céramique fêlés ou cassés.

Pour la santé, l'ail est utilisé depuis l'Antiquité comme fortifiant et fluidifiant du sang.

Si l'on veut atténuer son odeur après en avoir consommé, il faut croquer quelques grains de café, un clou de girofle, une gousse de cardamome ou bien se procurer en pharmacie des gélules renfermant de l'huile essentielle de persil, vraiment efficaces et plus faciles à emporter avec soi que des tiges de persil cru à mâcher !

### L'alcool à brûler

Dans la maison, c'est un produit à tout faire, aussi bien pour les vitres (avec du papier journal roulé en tampon), que pour nettoyer les ampoules électriques, dégraisser le couvercle d'une cuisinière ou la porte d'un réfrigérateur, ou même désinfecter l'écouteur du téléphone. Utilisé avec une brosse à dents à poils souples, il nettoie les bijoux en or et fait briller les pierres précieuses (sauf les perles, le corail et les opales trop fragiles).

### Le bicarbonate de soude

À la cuisine, il peut remplacer la levure pâtissière lorsqu'on n'en a plus sous la main et adoucir l'eau dans laquelle on fait cuire les légumes (pommes de terre, haricots secs ou verts, petits pois, pois cassés, lentilles...).

Dans la maison, il suffit d'ajouter au bicarbonate quelques gouttes de vinaigre d'alcool ou de liquide vaisselle pour le transformer en produit ménager à tout faire pour les surfaces émaillées et les plastiques. Il désinfecte, désodorise et nettoie l'intérieur du réfrigérateur. Lorsqu'on lave de la laine, on peut en ajouter 2 ou 3 cuillerées à soupe dans l'eau de rinçage, pour assouplir et même défeutrer les lainages.

Pour la toilette et la beauté, il fait briller les dents des coquettes, saupoudré sur une brosse à dents humide, et adoucit l'eau du bain trop calcaire.

### Le blanc de Meudon ou blanc d'Espagne

Les deux appellations désignent le même produit encore vendu chez les droguistes traditionnels. Délayée dans de l'alcool ménager, cette poudre blanche se transforme en une pâte plus ou moins liquide, utilisée depuis toujours pour faire briller l'argenterie et les couverts en métal, ainsi que les glaces ou les miroirs.

### Le citron

Si vous n'avez besoin que de quelques gouttes, piquez-le avec un cure-dent, pressez-le et remettez ensuite le cure-dent, qui fera office de bouchon ! Pour en extraire totalement le jus sans presse-citron, coupez-le en deux et enfoncez une fourchette, que vous tournerez vigoureusement dans la pulpe. Si vous n'en utilisez qu'une moitié, l'autre partie se conservera sous un verre renversé sur une soucoupe.

Dans la maison, il parfume l'eau plate du robinet. Il se coupe en deux et se pique de clous de girofle pour éloigner les mouches et parfumer l'intérieur d'un placard. Conjugué au sel fin, il donne une pâte légèrement abrasive qui nettoie toutes les surfaces émaillées. Il fait briller les métaux à base de cuivre ou de laiton et le marbre (à condition de bien le rincer ensuite). Un citron coupé en deux nettoie également un évier taché par du thé ou du café, et vient à bout du calcaire qui entartre la base des robinets.

Pour le toilette et la beauté, il adoucit la peau des mains et blanchit les ongles. Il peut également blanchir les dents, mais il ne faut pas l'employer trop souvent à cause de son acidité, qui à la longue peut attaquer l'émail.

### Les cristaux de soude

Ils font partie de ces anciens produits que l'on a oubliés, mais ils peuvent souvent rendre service. Quelques poignées ajoutées à l'eau de trempage d'un linge très sale le dégraisseront et lui feront subir une sorte de prélavage. Ils font briller les verres et la vaisselle et permettent également de laver à fond un carrelage ou un bois un peu sales.

### L'essence de lavande

Dans la maison, elle sert à parfumer l'atmosphère lorsqu'elle est ajoutée à un pot-pourri ou mise à brûler sur un diffuseur posé sur une ampoule. Quelques gouttes ajoutées à l'encaustique lui donneront un merveilleux parfum et feront fuir les insectes. Nos aïeules n'hésitaient d'ailleurs pas à en badigeonner l'intérieur de leurs armoires et de leurs placards.

Pour la toilette, ajoutée à l'eau du bain (quelques gouttes suffisent), elle lui donnera une odeur délicieuse. À moins de l'utiliser diluée dans de l'alcool à 60°, pour se frictionner le corps après la douche ou le sport.

### La glycérine

Très souvent employée autrefois, on l'a presque oubliée aujourd'hui et pourtant, elle peut rendre de nombreux services.

Dans la maison, il suffit de frotter un miroir ou une vitre (dans la salle de bain ou la cuisine, par exemple) avec un chiffon légèrement humecté de glycérine et de frotter ensuite, jusqu'à la disparition de toutes traces, pour éviter que la buée ne s'installe. En hiver, c'est également une bonne recette pour les pare-brise des voitures (à l'intérieur et à l'extérieur) et, en outre, la présence de la glycérine empêche la formation de givre sur les vitres.

C'est également un produit utile pour faire sécher durablement les feuillages de l'automne.

Pour la beauté en hiver, quelques gouttes de glycérine dans de l'eau de rose ou d'hamamélis les transforment en produits de beauté adoucissants qui protègent la peau du froid, en particulier celle des mains et du visage, exposée au vent. Quand on n'a plus de laque, quelques gouttes de glycérine passées sur les cheveux leur donnent un aspect un peu mouillé et fixent les ondulations.

**Le lait**

Dans la maison, il peut servir de colle à papier improvisée. Celle-ci sera plus efficace si le lait est mélangé à de la farine. Le lait sert aussi à nettoyer l'ivoire, les cuirs vernis ou les bottes en caoutchouc. Il atténue les taches d'encre sur les tissus, à condition d'agir rapidement : il faut tremper l'endroit taché dans du lait frais ou caillé et rincer ensuite. Il peut aussi rendre un vase ou un pot de terre cuite imperméables à l'eau.

Pour la toilette, le lait frais est un démaquillant improvisé, très doux pour les peaux fragiles ou irritées. Ses dérivés, que sont la crème fraîche et le yaourt, sont également d'excellents produits naturels pour l'épiderme.

**Le savon**

Dans la maison, il peut être utilisé à sec pour mieux faire coulisser un tiroir récalcitrant ou adoucir le manche en bois non verni d'un balai. En paillettes et dilué dans de l'eau chaude, il lavera parfaitement les textiles délicats. Le savon noir (conditionné sous forme liquide et vendu chez les droguistes) vous servira à nettoyer les carrelages en mosaïque ou en pierre.

Pour la beauté, le savon de Marseille a fait ses preuves depuis longtemps, mais certains épidermes trop secs et délicats le redoutent. Les savons orientaux où l'huile d'olive est remplacée par de l'huile de laurier sont utilisés par certaines coquettes aux cheveux gras en guise de shampooings, mais elle n'oublient jamais le dernier rinçage au vinaigre, pour redonner de l'éclat à la chevelure que le savon a tendance à ternir.

**Le sel**

En cuisine, on a parfois la main un peu trop lourde avec le sel. Vous atténuerez le goût trop salé d'une sauce chaude, d'un ragoût ou d'un potage, en y plongeant une pomme de terre crue, qui absorbera le sel en excès. Une pincée de gros sel jetée au fond d'une poêle ou d'un gril évite les projections de graisse. Une pincée de sel fin fait monter les blancs d'œufs en neige ferme.

Dans la maison, le sel fin sert à nettoyer les cuivres et le marbre lorsqu'il est associé au vinaigre ou au jus de citron. Il peut aussi nettoyer la semelle d'un fer à repasser encrassé. Quelques poignées de gros sel suffiront à raviver les flammes d'un feu de bois agonisant.

**Le talc**

Dans la maison, il évite les grincements désagréables lorsqu'on le saupoudre sur les ressorts d'un fauteuil ou d'un matelas.

Pour la beauté et la santé, le talc peut remplacer un shampooing sec, si vous n'en avez pas sous la main. Après la toilette, passé sur le corps avec une houppette ou un gros pinceau, il permet de rester net même lorsqu'il fait chaud. Saupoudré à l'intérieur des chaussures, il évite les irritations dues au contact de la peau nue avec le cuir ou la toile.

Et si vous n'avez pas de talc, n'oubliez pas que la farine d'amidon de maïs (la Maïzena) peut parfaitement le remplacer et qu'elle peut être parfumée avec 2 ou 3 gouttes de votre huile essentielle préférée (rose, lavande, jasmin...).

**Le vinaigre**

En cuisine, on utilise plutôt les vinaigres de vin rouge ou de vin blanc. Les gourmands les aromatisent avec de l'ail, de l'échalote, du thym ou du romarin. Si l'on préfère les vinaigrettes plus douces, il vaut mieux utiliser le vinaigre de cidre, moins agressif, qui se marie à merveille avec de la crème fraîche pour aromatiser une salade aux endives, aux pommes et aux noix... Pour le déglaçage des sauces (afin de dissoudre le jus caramélisé des viandes ou des œufs sur le plat), le vinaigre de Xérès ou les vinaigres balsamiques apportent un raffinement supplémentaire. Le vinaigre peut même améliorer la cuisson des pommes de terre ou du riz : quelques gouttes dans l'eau et ils restent fermes et blancs, ou bien celle des œufs pochés : un peu de vinaigre dans l'eau et le blanc se coagule à la perfection.

Dans la maison, on utilise du vinaigre d'alcool ou vinaigre blanc, qui sert aussi bien à adoucir l'eau de rinçage du linge qu'à nettoyer les vitres. Il désodorise le réfrigérateur (nettoyez-le au vinaigre chaud), ravive les couleurs d'un tissu et fait briller les cuivres, lorsqu'il est mélangé à de la farine et à du sel.

Pour la toilette, si l'on veut préparer des vinaigres parfumés, il vaut mieux se servir de vinaigre de cidre : il sent moins fort et il est plus doux pour la peau.

Pour la santé, du vinaigre allongé d'eau, appliqué avec une compresse ou un coton sur une piqûre ou un coup de soleil léger, soulage aussitôt la douleur et la sensation d'échauffement.

# TABLE DES RECETTES



# INDEX

# Remerciements

Nous tenons à remercier tout particulièrement Hélène et Bruno Lafforgue, au « Mas de l'Ange », à Molleges, ainsi que Michèle Joubert, au château de Giniac, Christine et Michel Guérard à Eugénie-les-Bains, Françoise et Pierre Gerin à Saint-Rémy-de-Provence, et Madame et Monsieur Bernard Lassus, qui nous ont accueillis chez eux.

Nous remercions également ceux qui nous ont apporté leur aide et leurs conseils pour la réalisation de ce livre : Philippe Arnaud, Monique Herblot, Hélène Fournier-Guérin, Paul Jacquette, Muriel de Curel, Marie-Annick Louis et Maud de Rochefort : The Conran Shop ; Blandine Le Roy, Christian Tortu et toute son équipe, Habitat, Fragonard, Au Nom de La Rose, Tsé et Tsé et associées, Astier de Vilatte, La Puce à l'Oreille, Terre de Sienne, Liwan, Amin Kader.

RESPONSABLE ÉDITORIALE
Laurence Basset

ÉDITION
Matthieu Biberon

RESPONSABLE ARTISTIQUE
Sabine Büchsenschütz

MAQUETTE
Michel Cortey

Édition exclusivement réservée aux adhérents du Club.
LE GRAND LIVRE DU MOIS
15, rue des Sablons
75116 PARIS

Photogravure : PackÉdit, à Paris
Achevé d'imprimer sur les presses d'I.M.E.
à Baume-les-Dames
Reliure : AGM, à Forges-les-Eaux
Dépôt légal : 3 septembre 2001
ISBN : 2.7028.4791.9